招招狠象棋全攻略破解系列

# 中局杀势

傅宝胜 朱玉栋 主 编

时代出版传媒股份有限公司
安徽科学技术出版社

**图书在版编目（CIP）数据**

中局杀势 / 傅宝胜，朱玉栋主编.--合肥:安徽科学
技术出版社,2017.7(2022.6 重印)
（招招狠象棋全攻略破解系列）
ISBN 978-7-5337-7217-8

Ⅰ.①中…　Ⅱ.①傅…②朱…　Ⅲ.①中国象棋-中
局（棋类运动）　Ⅳ.①G891.2

中国版本图书馆 CIP 数据核字（2017）第 114730 号

**中局杀势**　　　　　　　　　　　　　　　　傅宝胜　朱玉栋　主编

出 版 人：丁凌云　　　选题策划：刘三珊　　　　责任编辑：杨都欣
责任印制：梁东兵　　　封面设计：吕宜昌
出版发行：安徽科学技术出版社　　　http://www.ahstp.net
　　　　　（合肥市政务文化新区翡翠路 1118 号出版传媒广场,邮编:230071)
　　　　　电话：(0551)63533330
印　　制：三河市人民印务有限公司　　　电话:(0316)3650588
（如发现印装质量问题,影响阅读,请与印刷厂商联系调换）

开本：710×1010　1/16　　　印张：8.75　　　字数：157 千
版次：2022 年 6 月第 2 次印刷

ISBN 978-7-5337-7217-8　　　　　　　　　　定价：29.80 元

# 前　言

象棋历史悠久，是中华民族的文化瑰宝，集科学性、艺术性、竞技性、趣味性于一体，以其特有的魅力，吸引着数以万计的爱好者。

象棋在培养逻辑思维能力、形象思维能力、空间想象力、指挥能力、应变能力、比较选择能力、计算能力以及大局意识等方面都大有裨益，同时也可以陶冶情操、锻炼意志。

本套书中，《入局飞刀》的精妙、《流行布局》的理念、《战术妙招》的组合、《中局杀势》的明快、《杀王技巧》的过程、《妙破残局》的功夫、《和杀定式》的套路、《江湖排局》的奥妙，皆一览无余地展现在读者面前。读者通过本套书的学习，必能迅速提高象棋水平。

参加本套书编写的人员有朱兆毅、朱玉栋、靳茂初、毛新民、吴根生、张祥、王永健、吴可仲、金宜民。象棋艺术博大精深，丛书中难免有不当之处，敬请广大读者指正。

编者

# 目　　录

目 录

## 第1局　抓住战机,跳马入局

图 1 所示是全国象棋个人赛中,黑龙江赵国荣(红方)与河北陈翀以五七炮进三兵对屏风马弈至第 22 回合后的棋局。

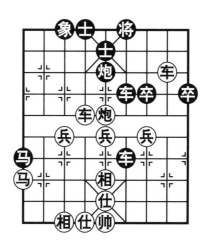

**图 1**

**23.** 马九进七……

红方进马保中兵,目的是防止黑方炮 5 进 3 绝杀的凶着。但如果随手走炮五进三砍士,黑则士 4 进 5;车二进二,将 6 进 1;车二退一,将 6 进 1;车二平五,前车平 8,形成无杀对有杀,红方败定。

**23.** ……后车进 1。

**24.** 车六进三,前车平 9。

**25.** 车二退七,炮 5 平 9。

**26.** 仕五退四……

红方同样弃马,应走车六退二较为有利。

1

**26.** ……车 9 平 3。

**27.** 炮五平七, 车 3 平 6。

**28.** 仕六进五, 炮九平四。

**29.** 车二进九, 将 6 进 1。

**30.** 炮七进三……

败着! 忽略了黑棋暗藏的杀着。此时应走车六平八, 仍成对攻之势。

**30.** ……马 1 进 2!

黑方抓住战机, 一步刁钻的 "马跳檀溪", 一举获胜。精彩之着!

**31.** 车二退八……

此时红方如车二平五要杀, 黑则有弃车杀仕先成杀的妙着。但红如车二退九, 黑则前车平 4! 车二进一, 马 2 退 4; 仕五进六, 车 6 进 5; 帅五进一, 车 4 平 2, 也是黑胜。

**31.** ……马 2 退 4。

**32.** 仕五进六, 前车进 3。

**33.** 帅五进一, 后车平 2。

黑胜。

## 第 2 局　强行突破, 献车绝妙

图 2 所示是全国象棋个人赛中, 四川黄仕清 (红方) 与湖北刘宗泽以中炮巡河对屏风马弈至第 19 回合后的棋局。

**20.** 马四进五……

红方马踏中卒, 强行突破, 胸有成竹。

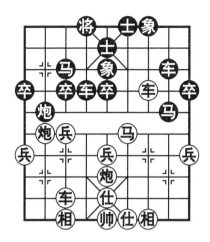

**图 2**

**20.**……炮 2 退 1。

黑方正中红方下怀,应走将 4 平 5 较为稳妥。

**21.** 兵七进一……

红方针对黑方退炮的劣着,吹响了总攻的号角!

**21.**……卒 3 进 1。

黑如改走马 3 进 5,红则兵七进一;车 4 进 2,兵七平八,红方净多两兵,子力占位又好,处于明显优势。

**22.** 车七平六……

红方妙手献车,出乎黑方所料,黑已难有解危之机了。

**22.**……车 4 进 5。

**23.** 马五进七,将 4 平 5。

**24.** 车三平八,卒 3 进 1。

**25.** 炮八进一,士 5 退 4。

黑如改走车 4 退 6,红则炮八平五绝杀。

**26.** 车八平七, 马 8 进 6。

**27.** 炮八进四, 士 4 进 5。

**28.** 马七进九, 马 6 进 5。

**29.** 相三进五, 车 8 进 2。

**30.** 车七进三, 车 4 退 8。

**31.** 马九退八。

红胜。

## 第 3 局 巧献三兵, 神马卧槽

图 3 所示是全国象棋个人赛中, 湖北李雪松 (红方) 与云南孙庆利以五八炮进七兵对反宫马弈至第 14 回合后的棋局。

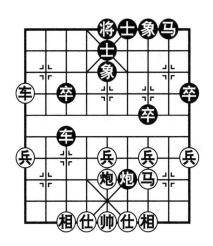

**图 3**

**15.** 兵五进一……

红冲中兵, 构思巧妙!

**15.** ……炮 6 退 2。

同样退炮,黑方应走炮 6 退 4 打车,乘机巩固中防较为稳妥。红如走车九进三,黑则士 5 退 4;兵五进一,车 3 平 5,黑方可以应付。

但如果黑方随手走车 3 平 5 去兵,红则车九进三;士 5 退 4,车九退五;车 5 退 1,车九平四,黑炮被捉死,黑方败定。

**16.** 兵三进一……

针对黑方炮 6 退 2 的软着,红方巧献三兵,对黑方的弱点实施快速攻击,是一步及时抓住战机的好棋。

**16.** ……卒 7 进 1。

**17.** 马三进五,车 3 平 4。

**18.** 马五进三,车 4 平 5。

**19.** 马三进四,车 5 退 2。

**20.** 车九进三,士 5 退 4。

**21.** 车九退五,炮 6 退 1。

**22.** 马四进三,炮 6 退 3。

**23.** 车九平四……

在红方车、马、炮有条不紊的攻击之下,黑方被动挨打,陷入困境。红方平车捉炮,必得一子,胜局已定。

**23.** ……象 7 进 9。

黑飞边象保炮实属无奈,如改走将 5 进 1,红则车四进三;将 5 平 4,车四进一,红得黑炮胜。

**24.** 车四平二。

以下是马 8 进 7,车二进三;马 7 进 6,车二平四捉双,必得一子,红胜。

## 第4局　退马失当,难逃厄运

图4所示是全国象棋个人赛中,大连卜凤波(红方)与湖北柳大华以中炮过河车对屏风马平炮兑车弈至红方第23着后的棋局。

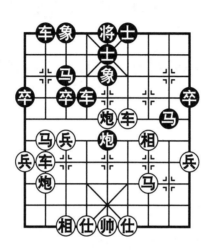

**图4**

23.……马8退6。

黑方退马是不甚明显的败着。应改走车4进4,在激烈的对攻中寻找机会。这样可能有如下的变化:车4进4,炮五平二;车4平7,车四平五;车7平5,仕四进五;车5平2,车八平五;车2进5(黑如炮5平2,红则炮二进四;象5退7,后车平四,红呈胜势),相三退五;后车进1,后车进一;后车平8,和意甚浓。

24.帅五进一,车2进4。

25.帅五平四,车4进6。

26.仕四进五,车4平7。

**27.** 相三退五……

对弈至此,红方已显多子占优的局面。

**27.** ……炮 5 平 2。

**28.** 车八平五……

平车保炮打车,是精彩的闪击巧手,红方由此迅速入局。

**28.** ……车 2 平 4。

**29.** 车四进一,马 3 进 5。

黑如将 5 平 4,红则炮八平六胜定。

**30.** 车四平五,炮 2 退 1。

**31.** 马三进四,车 4 进 1。

**32.** 炮八进二,车 4 进 3。

**33.** 前车平七。

红胜。


## 第 5 局　空炮镇中,双车争雄


图 5 所示是全国象棋个人赛中,湖北李望祥(红方)与四川谢卓淼以中炮直横车对屏风马双炮过河弈至红方第 16 着后的棋局。如图形势下,黑方虽多一子,但红方有空心炮,逼黑方老将出宫,局势虽很复杂,但红方不失先手。黑方当务之急是要削弱红方空心炮的威力。

**16.** ……车 2 进 4。

黑方此着正中红方下怀,应走炮 2 平 5 去中兵,红如车六退三,黑则车 8 进 2;兵三进一,卒 7 进 1;车六平五,卒 7 平 6;马五退三(红如车五平六,黑则卒 6 平 5;马五退三,卒 5 平 4;马三进二,炮 8 平 5;仕

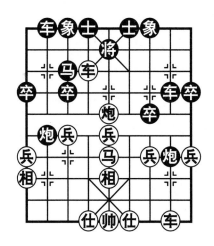

图5

四进五,将5平4,黑尚可一战),卒6平5;马三进二,炮8平5;炮五退二,卒5进1,红无优势,和意甚浓。

**17.** 兵七进一,车2平3。

**18.** 仕四进五,炮2退1。

黑方退炮,目的是想兑掉红方中炮来简化局势,但为时已晚。

**19.** 马五进七……

红马伺机盘河,胜势已较明显。

**19.** ……炮2进5。

黑如改走炮2平5,红则马七进五;马3退2,车二平四,黑方崩溃。

**20.** 相九退七,炮2退4。

**21.** 车二平四……

红方乘机开出右车,黑方已难应付。

**21.** ……炮8平1。

黑如改走炮 8 进 3，红则车四进九；炮 8 平 9，帅五平四叫杀，红可速胜。

**22.** 马七退六，炮 1 退 2。

**23.** 车四进九……

进车杀底士，凶狠犀利，红方胜利在望。

**23.** ……炮 1 平 5。

**24.** 兵五进一，车 3 平 5。

**25.** 车六平七，车 5 退 1。

**26.** 车七进一，将 5 进 1。

**27.** 车四平三，车 5 平 7。

**28.** 车三平五，将 5 平 6。

**29.** 车五平四，将 6 平 5。

**30.** 马六进七，车 7 平 6。

**31.** 车四平五，将 5 平 6。

**32.** 马七进五，车 6 平 5。

**33.** 车五平四，将 6 平 5。

**34.** 车四平三。

红胜。

# 第 6 局　车占咽喉，花心打将

图 6 所示是全国象棋个人赛中，上海洪智（红方）与山东王新光以对兵局转兵底炮弈至第 11 回合后的棋局。红方针对黑方窝心马的不利局面，迅速出击，一举攻下城池。

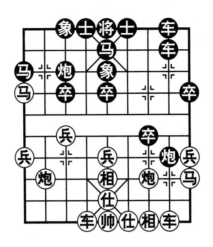

图 6

**12.** 车六进八，炮 3 平 2。

**13.** 马九进七，炮 2 退 2。

**14.** 炮八平九，马 5 退 7。

**15.** 车六平二，车 8 进 1。

**16.** 炮九进五，炮 2 进 9。

黑方 2 路炮沉底，伏炮 8 平 1 的闪击，无奈之举。黑如象 3 进 1，红则马七进八，红得子呈胜势。

**17.** 炮九退一……

红方退炮轰中卒，不怕黑方闪击，是一着算度深远的好棋。

**17.** ……炮 8 平 1。

**18.** 炮九平五，象 5 进 7。

**19.** 马七进五……

红跃马花心打将，将黑方的反击全面封杀，黑方此时不能走将 5 进 1，因红有车二进八"带响"吃车，黑方速败。

**19.** ……象 3 进 5。

**20.** 帅五平六,车 8 平 6。

黑方避车属无奈之举,如改走车 8 进 8 兑车,红则先马五退七叫将,再马一退二吃黑车,红多子,胜定。

**21.** 马五退七,象 5 退 3。

黑如改走士 4 进 5,红则车二进五,准备杀象左移,黑亦难以应付。

**22.** 炮三进三,车 6 平 4。

**23.** 仕五进六,车 4 进 6。

**24.** 帅六平五,马 7 进 6。

**25.** 车二进八……

红方献车马口要杀,一锤定音!

**25.** ……车 4 退 5。

**26.** 炮三进二!

封喉一剑,红胜。

## 第 7 局　献马打车,进马卧槽

图 7 所示是全国象棋个人赛中,上海林宏敏(红方)与厦门汪洋以飞相局对士角炮弈至第 25 回合后的棋局。

**26.** 车四进六……

双方子力虽然相当,但黑方 4 子已深入红方腹地,明显占优;红方进车卒林线,铸成大错,是一招败着。可改走兵一进一,静观其变较好。

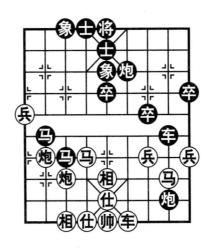

图 7

**26.** ……马 3 退 4！

退马捉车，给红方致命一击！

**27.** 车四退三，马 4 进 6！

献马打车，妙着连珠！红如接走车四进一，黑则马 2 进 4！车四平二，马 4 进 3；帅五平四，炮 8 退 3；兵三进一，炮 8 退 2，绝杀，黑胜。

此局正是一招不慎，满盘皆输。

## 第 8 局　边马腾飞，车马取胜

图 8 所示是棋手尚威与潘振波以仙人指路对卒底炮弈至第 20 回合后的棋局。黑方弃子强攻，黑马正捉住红车，请看红方怎样应对。

**21.** 马一进三……

红方弃还一子，以化解黑方的攻势，保持多兵占优的局面，是一种可取的着法。如果走车二平一避捉，红方虽多一子，但黑方有较强的

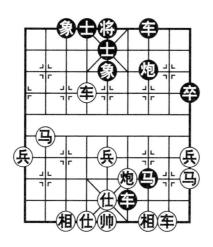

图 8

反击力，局势复杂，红方难以掌控。

**21.** ……车 6 退 1。

**22.** 仕五进四，马 7 进 8。

**23.** 马三进五，炮 7 平 9。

**24.** 相七进五，炮 9 进 4。

**25.** 车六平　，马 8 退 7。

**26.** 马八进六，炮 9 平 1。

黑吃边兵已无意义，应改走炮 9 平 8"浑水摸鱼"。

**27.** 马五进六，车 7 进 2。

黑如改走炮 1 退 4，红则马六进七；将 5 平 6，车一平四；士 5 进 6，马七退九；象 3 进 1，车四进一；将 6 平 5，车四平五，红亦呈胜势。

**28.** 后马进八，炮 1 退 4。

**29.** 马六退四……

红方双马左右腾挪取势，杀机四伏，黑方防不胜防了。

**29.**······车7退1。

**30.** 马八进七,将5平6。

**31.** 马七退九,象3进1。

**32.** 马四进五!

红胜。

## 第9局　控制中路,弃车妙杀

图9所示是全国象棋甲级联赛中,厦门郑一泓(红方)与黑龙江赵国荣以仙人指路对卒底炮弈至红方第18着后的棋局。

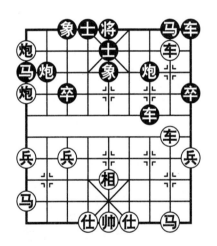

**图9**

**18.**······象5退7。

黑方退象的目的很明显,是要架起中炮,从中路发起攻势。但如果红方也有可能还架中炮,则黑方局势顿感受制。此处应改走炮2进2,可随时架起中炮,这样局面复杂,黑方有较多的机会。

**19.** 后炮退二,马 1 进 2。

**20.** 后炮平五,炮 7 平 5。

**21.** 炮九进一,马 2 退 4。

**22.** 炮五进二,车 7 平 5。

**23.** 前车平五……

弃车砍士,精彩至极! 这一阴冷之着,出乎黑方预料。

**23.** ……马 4 退 5。

**24.** 车二平六。

已成绝杀之势,红胜。

## 第 10 局　进马卧槽,边炮强发

图 10 所示是"首都家居联盟杯"全国象棋男子双人表演赛中,河北张江/申鹏(红方)与黑龙江赵国荣/陶汉明以中炮过河车急进中兵

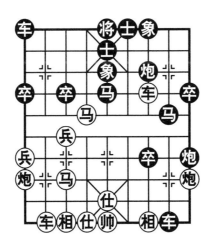

**图 10**

对屏风马平炮兑车弈至第 18 回合后的棋局。

**19.** 马六进八……

红方跃马袭槽，积极主动，吹起总攻的号角。

**19.** ……车 1 平 3。

**20.** 炮九进四，马 5 进 6。

此乃黑方失败的根源，应改走马 8 进 6，使红方三路车不能通头助攻，胜负尚难预料。

**21.** 炮九进三，车 3 进 2。

黑如改走车 3 平 1（士 5 退 4，马八进七；将 5 进 1，炮九退一杀），红则马八进七；将 5 平 4，车三平六；士 5 进 4，马七进九，红方胜定。

**22.** 马八进九！……

红方抓住黑方的失误，进马捉车催杀，黑方已难以招架。

**22.** ……车 3 退 1。

**23.** 车八进九……

红如改走车三平六，则更为快捷。

**23.** ……士 5 退 4。

**24.** 马九退八，车 3 平 4。

黑如改走车 3 进 1，红则炮一平五；马 6 进 5，相七进五，红亦呈胜势。

**25.** 车八退一，将 5 进 1。

**26.** 车八平六，将 5 平 4。

**27.** 车三平六，将 4 平 5。

**28.** 炮九退一，将 5 平 6。

**29.** 炮一平四，卒 7 平 6。

黑如改走马 6 进 8,红则车六平四;炮 7 平 6,马八进七;士 6 进 5,车四进一;将 6 进 1,马七退六,红胜。

**30.** 炮四进二,车 8 平 7。

**31.** 仕五退四,马 8 进 6。

**32.** 车六平四,炮 7 平 6。

**33.** 马八进七,士 6 进 5。

**34.** 前马退五。

以下是士 5 进 4(若将 6 退 1,红则车四进一;将 6 平 5,马五进七),马五进六;将 6 退 1,车四进一或者炮九进一,红胜。

## 第 11 局　跃马控车,献车妙杀

图 11 所示是"首都家居联盟杯"全国象棋男子双人表演赛中,河北张江/申鹏(红方)与江苏王斌/徐天红以中炮过河车急进中兵对屏风马平炮兑车弈至红方第 17 着后的棋局。

**17.** ……马 6 进 5。

黑方及时跃马,控制红车,是必走之路。

**18.** 车三平五……

红如改走车三进三,黑则车 1 平 2;炮八平九(若车九平八,黑则车 2 进 7;车八进二,马 5 进 6;帅五进一,马 6 退 4;帅五退一,马 4 进 2,红方失子),车 2 进 7;车三退四,车 8 平 7,黑方明显占优。

**18.** ……车 1 平 2。

**19.** 车九平八……

因为黑方已占优势,因此谋和才是红方上策,故此着应改走炮八

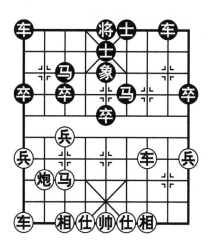

**图 11**

进二,黑如接走车 8 进 6,红则炮八平五;车 8 平 5,马七进五;卒 5 进 1,马五进三;象 5 进 7,马三进五,黑虽有一卒过河,易走,但红多一相,不乏谋和之机。

**19.**……卒 3 进 1!

黑进 3 卒,有力之着! 顿令红方进退两难。

**20.** 相七进五……

红如改走兵七进一,黑则马 5 退 3,黑方大占优势。

**20.**……马 3 进 4。

**21.** 马七进六……

红如改走车五平四,黑则卒 3 进 1;相五进七,车 2 进 7;车八进二,马 5 进 4;帅五进一,马 4 退 6,黑亦得子,大占优势。

**21.**……车 2 进 6!

红方失车认负,黑胜。

## 第 12 局　重炮出击,攻象绝杀

图 12 所示是第六届"嘉周杯"象棋特级大师冠军赛中,黑龙江陶汉明(红方)与江苏王斌以对兵局弈至第 22 回合后的棋局。

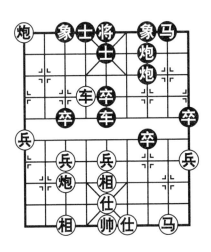

**图 12**

**23.** 炮七平八……

红方此时平炮,及时准确,是扩先的有力之着!

**23.** ……前炮平 4。

黑方还有另外三种应法,都无济于事:

(1)前炮进一,炮八进七;象 7 进 5,车六进二。

(2)前炮平 2,车六平七;象 7 进 5,车七进一。

(3)卒 3 进 1,兵七进一;车 5 平 2,炮八平七;象 7 进 5,车六进二。

**24.** 车六平七,象 7 进 5。

**25.** 炮八进五……

红方进炮攻象，可谓一击中的，令黑方难以招架。

**25.** ⋯⋯车 5 平 8。

黑如改走炮 4 进 6，红则车七进一；炮 4 退 6，炮八进二（暗伏车七进二吃象的凶着）；将 5 平 6，炮八平六，红亦呈胜势。

**26.** 车七平五，卒 3 进 1。

黑方弃卒，准备进炮后再平 3 守护底象，舍此也别无良策了。

**27.** 兵七进一，车 8 进 5。

**28.** 炮八进二，炮 4 进 6。

**29.** 车五进一，炮 4 平 3。

**30.** 兵七进一，车 8 退 6。

黑如改走车 8 退 5，红则兵七平六，红亦胜定。

**31.** 相五进七。

黑如接走将 5 平 6，红则车五进一，绝杀，红胜。

## 第 13 局　借帅之力，闪门成杀

图 13 所示是第六届"嘉周杯"象棋特级大师冠军赛中，重庆洪智（红方）与湖北柳大华以中炮缓开车进三兵对三步虎弈至红方第 20 着后的棋局。黑方虽多双卒，但红方得黑方一象后，仍占先手。

**20.** ⋯⋯车 2 进 8。

黑进车攻相，把局势引向复杂，是可选之着。如改走马 6 退 7，红则车七平六；士 6 进 5，马六进八，后伏炮六平八打死车的棋，红方大占优势。

**21.** 车七平五，马 6 退 7。

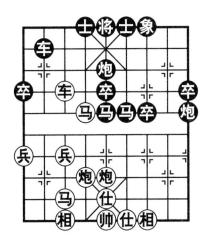

**图 13**

**22.** 车五平六，车 2 平 3。

黑车杀相吃马，也只能如此，如改走士 6 进 5，红则马六进八，后卧槽作杀，黑方立显败势。

**23.** 仕五退六，车 3 退 1。

**24.** 车六进三，将 5 进 1。

**25.** 马六进七，将 5 平 6。

**26.** 炮五进五，车 3 退 2。

**27.** 车六平七，马 5 进 6。

**28.** 炮六平四，马 6 进 4。

**29.** 帅五进一，车 3 平 5。

黑如改走马 4 退 5，则较为顽强。

**30.** 炮四平五，车 5 退 4。

黑方退车吃炮，失算。应改走士 6 进 5，以下胜负难料。

**31.** 马七进六，车 5 退 2。

**32.** 车七退一,将 6 进 1。

**33.** 车七退二……

红方退车催杀,可谓"一锤定音"! 由此敲开胜利之门。

**33.** ……车 5 平 4。

**34.** 车七平四,将 6 平 5。

**35.** 车四平五,将 5 平 6。

**36.** 炮五平四。

绝杀,红胜。

## 第 14 局　妙出老帅,解杀还杀

图 14 所示是第六届"嘉周杯"象棋特级大师冠军赛中,黑龙江王琳娜(红方)与江苏张国凤以仙人指路对卒底炮弈至第 11 回合后的棋局。

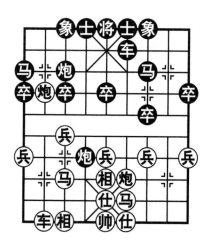

**图 14**

**12.** 车八进五……

红车抢占要道，是及时有力之着。

**12.** ……象 7 进 9。

黑如改走象 3 进 5，红则炮八进一；车 6 进 3，车八进一，伏炮八平五杀象后，再车八进一捉双，红方明显占优势。

**13.** 马四进二，炮 4 平 7。

**14.** 马七进六，炮 3 平 2。

**15.** 车八平六……

红方平车占肋，正确的选择。如改走炮八平五，黑则马 7 进 5；马六进五，炮 2 平 5，红方无便宜可占。

**15.** ……炮 2 平 5。

**16.** 马二进一……

红方跃马捉炮，直奔卧槽，是扩大优势的好着。

**16.** ……炮 7 平 8。

**17.** 马一进二，车 6 进 4。

**18.** 马六进四……

红方进马邀兑，巧妙一击，令黑方难以招架。

**18.** ……马 7 进 6。

**19.** 炮四进三……

正着。红如随手走炮八平五，黑则炮 5 进 4，伏炮 8 进 3 的杀着，红反而不利。

**19.** ……炮 8 进 3。

**20.** 相五退三，炮 5 平 7。

**21.** 相七进五，车 6 进 3。

**22.** 帅五平六，炮 7 进 7。

**23.** 帅六进一。

黑无续攻手段，且无法应对红方车、马、双炮的猛烈攻势，遂停钟认负。

## 第 15 局　车吃小卒，错失良机

图 15 所示是第六届"嘉周杯"象棋特级大师冠军赛中，黑龙江陶汉明(红方)与黑龙江赵国荣以五七炮进三兵对屏风马进 3 卒弈至第 24 回合后的棋局。

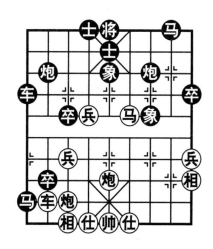

**图 15**

**25.** 车八进一……

红方进车吃卒，错失战机，应改走炮七进四催杀！黑方此时有两种应法：

(1)炮 2 平 3，红则车八平二；马 8 进 6，马四进三，红方追回失子后还大占优势。

(2)将 5 平 6,红则车八平二;马 8 进 9(黑如改走马 8 进 6,红则炮七进四! 象 5 退 3,马四进三杀,红胜),车二平四;炮 7 平 6,马四进六,红虽少一子,但各子占位极佳,且有过河一兵助战,形势相当有利。黑方如续走炮 2 平 4,红则炮五进四;车 1 退 3(黑如改走车 1 进 2,红则炮五平四! 将 6 平 5,炮七进四! 象 5 退 3,马六进四杀,红胜),车四平九,红方大占优势。

**25.**……马 1 进 3。

**26.** 马四进三,马 8 进 7。

**27.** 车八退二……

红如改走炮七进四,黑则炮 2 平 3,黑方多子占优;又如改走车八进五,黑则车 1 进 5,黑亦大占优势。

**27.**……车 1 进 4。

**28.** 相一退三,车 1 平 3。

**29.** 炮七平三……

红如改走车八平七吃马,黑则炮 2 平 3,黑亦大占优势。

**29.**……炮 2 平 1。

**30.** 仕四进五,马 7 进 6。

**31.** 炮五平四,马 6 进 4。

**32.** 相三进五,车 3 平 5。

黑方平车吃相后,红方虽可得回一子,但由于红方缺少双相,而且黑方车、马、炮三子占位极好,黑方胜券在握。

**33.** 车八平七,车 5 退 1。

**34.** 兵七进一,炮 1 平 3。

**35.** 车七进一，象 5 退 3。

黑方退象，准备架起中炮，攻击点十分准确。

**36.** 兵六平七，炮 3 平 5。

红方不敌黑方车、马、炮三子联攻之势，遂停钟认负。

## 第 16 局　出帅强势，弃马取胜

图 16 所示是第六届"嘉周杯"象棋特级大师冠军赛中，重庆洪智（红方）与浙江于幼华以五九炮过河车对屏风马平炮兑车弈至红方第 22 着后的棋局。

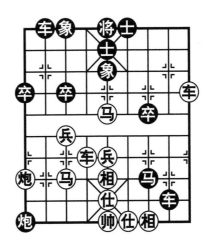

**图 16**

**22.** ……车 2 进 7。

黑如改走车 2 进 9，红则车六退三，红方亦多子占优。

**23.** 炮九退一，车 8 退 7。

黑如改走车 2 进 1，红则帅五平六！有弃车成杀的棋，黑方立呈败势。

**24.** 帅五平六……

红方置马被吃于不顾，走出最强手，是取胜的关键之着。

**24.** ……车 2 平 3。

**25.** 马五进六……

红方弃马叫"将"，巧妙一击！因算准必得黑方 8 路车而奠定胜局。

**25.** ……士 5 进 4。

**26.** 车六进四，车 3 进 2。

**27.** 帅六进一，车 3 退 1。

**28.** 帅六退一，车 3 进 1。

**29.** 帅六进一，炮 1 平 6。

黑方平炮破仕，无奈之着。如改走士 6 进 5，红则车一进三；士 5 退 6，车六进二；将 5 进 1，车六退一；将 5 退 1，车六平二，再继走车二进一要杀，黑亦败定。

**30.** 车六进二，将 5 进 1。

**31.** 车六退一，将 5 退 1。

**32.** 车六平二……

红方得车占势，胜局已定。

**32.** ……炮 6 退 1。

**33.** 仕五进四，车 3 退 1。

**34.** 帅六退一，车 3 平 1。

**35.** 车二平六。

形成有杀对无杀的局面，黑遂停钟认负。黑如继续走车 1 进 1，红则帅六进一;马7进6,帅六平五;炮6平8,车一平七;象3进1,车七平八;象1退3,车八进三绝杀,红胜。

## 第17局 炮轰底象,奇招制胜

图17所示是"天祥房地产杯"象棋特级大师南北对抗赛中,南方队许银川(红方)与北方队柳大华以飞相对边马开局弈至第22回合后的棋局。红方已把黑将逼出,形势上已占明显优势。怎样才能速胜呢?请看红方的精彩着法。

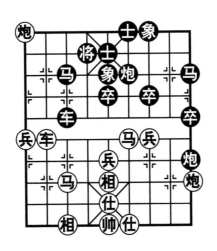

**图17**

**23. 炮九平三……**

红方炮轰黑方7路底象,精妙至极!它是本局的精华所在。黑方不能走象5退7吃炮,因红方可车八平六,士5进4,马四进五叫将抽得黑车,胜定。

**23. ……马3进4。**

黑如改走车 3 平 2,红则车八平六;士 5 进 4,马四进五;马 3 进 4,相五退三,红方亦大占优势。

**24.** 车八进四,将 4 进 1。

**25.** 车八退二,将 4 退 1。

黑如改走象 5 退 7 去炮,红则车八平六;将 4 平 5,马四进六,红亦呈胜势。

**26.** 马四进五。

黑方不敌红方的猛烈攻击,遂停钟认负。

## 第 18 局　巧兑红炮,局势转安

图 18 所示是"天祥房地产杯"象棋特级大师南北对抗赛中,南方队胡荣华(红方)与北方队陶汉明以中炮过河车对屏风马平炮兑车高车保马弈至第 18 回合后的棋局。

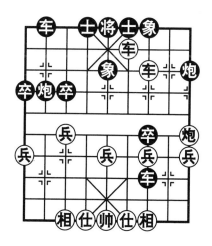

**图 18**

**19.** 车三退三……

红方退车吃过河卒是一种稳健的着法,但黑方却乘机兑掉一炮,红方攻势立消。可改走炮一进一,这样对黑方的威胁较大。黑如接走象5进7,红则车三进二;士4进5,车三退四;车7退1,车三平八;车7平5,仕四进五;车5退3,相三进五,红方虽少一子,但吃掉黑方双象,且控制局面,红方仍有许多机会。

**19.** ……炮2进2。

**20.** 车三进五,士4进5。

**21.** 车三退二,炮2平9。

兑掉红炮后,黑方多子占优。

**22.** 兵一进一,象5进7。

**23.** 兵一进一,车7进2。

**24.** 兵一进一,车2进6。

黑方弃炮抢攻,是上一回合车吃底相的后续手段;如改走炮9退2,红则车三退二,红方少子多兵,黑方也有所顾忌。

**25.** 兵一进一,车2平5。

**26.** 仕六进五,士5进6。

黑方扬士作杀,反映出黑方喜攻好胜的棋艺风格。如改走车7退3吃兵,易成和棋。

**27.** 车三平四,车5进2。

**28.** 帅五平六,车5进1。

**29.** 帅六进一,士6进5。

**30.** 后车退六……

红方可能由于时间紧张,无暇细算,随手退车下二路,导致失败。

应改走后车退四,黑如接走车 7 退 1(如车 5 平 3,红则后车平五),红则后车退二;车 7 退 2,前车退五,红有长兑车的手段,可以对抗。

**30.** ……车 5 平 3。

**31.** 仕四进五……

红如改走后车平五,红则车 3 退 1,黑方得车胜定。再如改走帅六平五,黑则象 7 退 5,红亦难以应付。

**31.** ……车 3 退 1。

**32.** 帅六进一,车 3 退 1。

**33.** 帅六进一,车 7 平 2。

黑方长短车形成绝杀,红方遂停钟认负。

## 第 19 局　逼马窝心，步步紧逼

图 19 所示是"船山杯"全国象棋等级赛中,广东张学潮(红方)与安徽钟涛以对兵局弈至第 13 回合后的棋局。

**14.** 兵三进一……

红方弃兵拱马,有扰乱黑方阵势之功效,是扩大先手的有力之着。

**14.** ……象 5 进 7。

从实战中看出,黑方此着使己方立显被动,最终迅速败北;不如走马 6 退 7,虽然仍处被动,但局势较稳,仍有周旋的余地。红如续走炮四平三,黑则马 7 退 9。再如红续走炮四进三,黑则车 1 进 1;车六进七,士 6 进 5;车六平七,士 5 进 6,黑方均能应付。

**15.** 车六进五,马 6 退 7。

**16.** 车六进二,马 7 退 5。

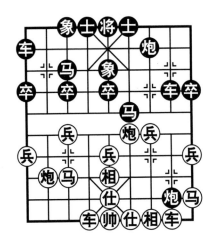

**图 19**

**17.** 炮八退一,炮8退1。

**18.** 炮八进五……

红方步步紧逼,秩序井然,现进炮窥视黑方中卒,攻击点十分准确。黑如接走车1平2捉炮,红则炮八平五;车8平5,车二进二;象3进5,炮四平五;炮7进1,车六退二;马5退7,车二进四;士4进5,车二平五;马3进5,车六平五;马5退3,车五平三,红方大占优势。

**18.** ……象3进5。

**19.** 马七进六,炮7进1。

**20.** 车六退一,马5退3。

**21.** 马六进五,前马进5。

**22.** 车六平五,车8退1。

**23.** 车五平二。

黑如接走车8进1,红则炮八平二;炮8平7,炮四平五;士6进5,炮二平三,红方得子,胜定。

32

## 第 20 局　退马窝心，招致速败

图 20 所示是"癸王杯"湖北象棋大奖赛中，湖北李望祥（红方）与湖北李雪松以仕角炮对挺卒开局弈至第 13 回合后的棋局。表面上看，红方攻势凶猛，随时有重炮成杀的棋；但黑方构筑了坚强的"桥头堡"，使红方难以下手，局势相当复杂。

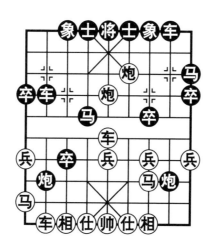

**图 20**

**14.** 马三退五……

红退马窝心，败着。应改走炮四平五，黑则车 2 平 5；车五进二，象 3 进 5；马三退五，红方可以抗衡。

**14.** ……马 4 退 3。

黑方退马捉炮解杀，巧妙地化解了红方的攻势；如误走车 8 进 3 捉炮，红则有炮五平一或平九叫将抽车的棋。

**15.** 炮五退一，炮 2 平 5！

黑方平炮叫将，谋得一车，为取胜奠定了坚实的基础。

**16.** 相七进五，车 2 进 6。

**17.** 车五平七，车 2 退 5。

**18.** 兵五进一……

红如改走炮五退一，黑则卒 7 进 1！车七进三（兵三进一，炮 8 退 2），卒 7 平 6，红方攻势全无，黑方大占优势。

**18.** ……马 9 进 7。

黑方进马瞄红方中炮，弃还一子后可以稳操胜券，是非常明智的着法。

**19.** 车七进三，马 7 进 5。

**20.** 兵五进一，车 8 进 2。

红方双马受困，且车、炮又被拴住，无法应对，遂停钟认负。

## 第 21 局　妙进右炮，意在擒车

图 21 所示是"孔子文化周"象棋联谊赛中，浙江张申宏（红方）与湖南陆伟韬以仙人指路对卒底炮弈至第 16 回合后的棋局。红方右路车被封，右马又被黑卒牵制，随时可能失去，从形势上看，红方先手已失。但在黑方的"桥头"上，红方布有重兵，仍有机会。

**17.** 车八进四……

软着，应改走兵五平六，此着既限制了黑右炮的活动，又暗伏马踏中象的棋，由此展开对攻。在对攻中寻找机会，方为上策。

**17.** ……炮 4 进 6！

黑方针对红方的软着，乘势右炮进肋，下伏卒 8 进 1，车二平一，

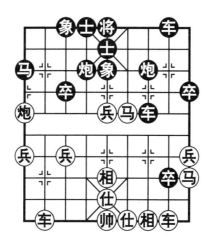

**图 21**

卒 8 平 9 捉死红车的恶手，黑方由此扩大了先手。

**18.** 仕五退六，炮 4 平 8。

**19.** 车八退三，卒 9 进 1。

**20.** 兵九进一，车 8 进 6。

**21.** 车八平六，车 8 平 6。

**22** 马四进五，车 7 平 5。

**23.** 马五退六，将 5 平 6！

黑方出将催杀，暗伏反捉红车的手段，是迅速入局的精彩之着。

**24.** 仕六进五，炮 8 平 4。

**25.** 炮九平五，卒 8 进 1。

**26.** 马一退三……

红如改走车二平一，黑则车 6 退 2 捉双，黑亦得子胜定。

**26.** ……车 6 进 2。

**27.** 车二平一，卒 8 平 7。

红方少子失势，遂停钟认负。

## 第 22 局　飞车砍炮，一招制胜

图 22 所示是第三届世界象棋大师赛中，厦门汪洋（红方）与浙江赵鑫鑫以仙人指路对卒底炮弈至红方第 15 着后的棋局。

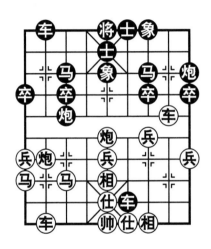

图 22

**15.……卒 7 进 1。**

黑进 7 卒是一步精巧之着，红如接走车二进一，黑则卒 7 进 1；车二平七，马 7 进 5；炮八进三，炮 3 平 7；相三进一，炮 7 退 1；车七平五，马 3 进 5；炮八平三，车 2 进 9；马九退八，卒 7 进 1，形成有车对无车的局面，还有一过河卒助战，黑方大占优势。

**16. 车二平三……**

红方正着应走车二退一，虽居下风，尚无大碍。

**16.……马 7 进 5。**

**17.** 炮八退二……

红方退炮打车，漏着，由此造成速败。但如改走车三平五，黑则炮9平7；相三进一，炮3平1（伏马5进3打车的棋）；炮五进二，炮1进3，黑方亦大占优势。

**17.** ……车2进8。

黑方乘机用车砍炮，巧妙擒得一子，为获胜奠定了基础。

**18.** 车三平五……

红如改走车八进一，黑则象5进7，黑亦得子呈胜势。

**18.** ……车2平4。

红如接走炮五进二，黑则车4退5，黑方多子胜定。针对不可挽回的败局，红遂停钟认负。

## 第 23 局　强杀敌象，心愿难遂

图23所示是第三届世界象棋大师赛中，北京蒋川（红方）与江苏王斌以中炮先锋马对屏风马弈至第12回合后的棋局。

**13.** 兵七进一……

红方弃兵，准备再平炮攻车破象，实施强攻，但后续手段较差，对黑方构不成威胁，不如改走炮七进二，黑如接走车4退2，红则炮七进三；马7退5（如炮8平3，红则炮八平五，红方得车），炮七平四，红虽少一仕，但有过河兵，红并不吃亏。

**13.** ……车2平3。

**14.** 炮八平七，车3平4。

**15.** 前炮进五，将5进1。

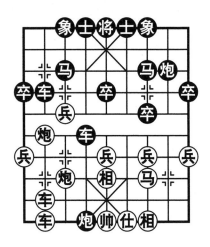

图 23

黑方上将解"将"，正着。如改走士 4 进 5，红则前炮平九，红有攻势。

**16.** 前车平二……

红可改走前车进七，黑则后车退 2；前炮退一，将 5 退 1；仕四进五，炮 4 退 1；兵三进一，前车退 1（黑如卒 7 进 1，红则后炮平六；后车平 6，炮七进一；士 4 进 5，炮七平九，黑方难以招架）；后炮平六，前车平 6；帅五平六，炮 4 平 1；炮七进一，将 5 进 1；前车平六，将 5 平 4；车八进八，将 4 进 1；车八平三，马 7 退 5；兵三进一，红方占优势。

**16.** ……炮 8 进 2。

**17.** 车二平四，马 3 进 2。

黑方进马拦车，是一步遏制红方攻势的巧着。

**18.** 后炮进二，炮 4 退 2。

**19.** 车四进六，炮 4 平 7。

**20.** 车四平三，炮 8 进 2。

**21.** 车三进一,将5进1。

**22.** 车三退一,将5退1。

**23.** 车三进一,将5进1。

**24.** 兵五进一……

红方如改走车八进五吃马,黑方则炮八平五叫将后立即成杀。

**24.** ……炮8平1。

**25.** 仕四进五,炮1平5。

**26.** 帅五平四,后车进1。

**27.** 后炮进四……

红如改走车三平四,黑则炮5进2,黑亦呈胜势。

**27.** ……炮7平8。

黑可直接走后车平6,帅四平五,车4进3绝杀取胜。

**28.** 相三进一。

红方看到黑方有绝杀之势,遂停钟认负。

## 第24局　弃马踩卒,暗伏重炮

图24所示是全国象棋个人赛中,厦门李鸿嘉(红方)与成都李艾东以仙人指路对卒底炮转顺炮弈至红方第11着后的棋局。黑方虽有一卒过河,但双车均未开出;红方双车、炮占据要道,稳持先手。

**11.** ……后卒进1。

致命败着,顿使局面迅速崩溃。应改走卒1进1,红则车八进七;士6进5,兵三进一;象7进9,红方虽仍持先手,但尚有较多变化。

**12.** 马三进五!……

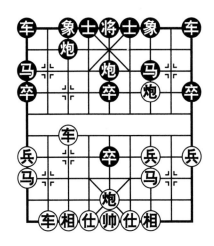

**图 24**

　　红方抓住黑方弈出的劣着，强行马踩中卒,是扩大优势直至取胜的精彩之着。黑方显然不能走炮 5 进 4 吃马,因红方可炮五进四,立成杀势。黑方过河卒丢后已呈败势。

　　**12.** ⋯⋯车 9 平 8。

　　黑如改走卒 5 进 1,红则马五进三,红方亦占明显优势。

　　**13.** 马五进四,马 7 退 9。

　　**14.** 车八进七,炮 3 平 5。

　　**15.** 相三进五⋯⋯

　　红方飞中相缓手,此时可强行马踩中炮,试演如下:马四进五,象 7 进 5;车八平五,车 8 进 3(如改走象 3 进 5 飞车,红则炮五进六砍象,再炮三平五重炮杀);车五退一,马 9 进 7;车七进三,红方大占优势。

　　**15.** ⋯⋯车 8 进 4。

　　**16.** 马四进三,车 8 退 2。

　　**17.** 马三进五,士 6 进 5。

**18.** 炮五平七，车 8 平 6。

黑方此着纯属无奈，只好用右车唁炮。

**19.** 炮七进八，车 1 平 3。

**20.** 车七进五，将 5 平 6。

**21.** 车八平九，车 6 进 7。

**22.** 帅五进一，车 6 退 6。

**23.** 炮三平九，卒 5 进 1。

黑方此时走马 9 进 7 可能要好一些。

**24.** 车七退四，卒 5 平 4。

**25.** 车九平五，象 7 进 5。

**26.** 炮九进三，将 6 进 1。

**27.** 车七平六。

红胜。

## 第 25 局　审时度势，中路突破

图 25 所示是全国象棋个人赛中，安徽张学潮（红方）与四川李智屏以中炮过河车对屏风马弈至第 15 回合后的棋局。黑方弃马抢攻，空心炮沉红方底线；红方分析形势后，决定从中路突破，从而扩大了优势，请看以下实战。

**16.** 兵五进一······

红方弈出了最强手，是大局观强的具体体现。

**16.** ······后炮平 7。

黑如改走卒 5 进 1，红则车四平五；卒 7 进 1，车九平四；车 8 平 7，

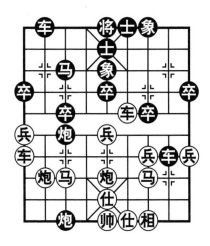

**图 25**

车四进五,红方大占优势。

**17.** 兵五进一,炮 7 进 2。

黑如改走马 3 进 5 吃兵,红则车四进三! 马 5 退 3,车九平五,红亦大占优势。

**18.** 兵五进一……

红方连挺三步中兵,非常精彩。现冲中兵破象打开缺口,缩短了取胜的进程。

**18.** ……象 7 进 5。

**19.** 车四平五,车 2 进 7。

红车平中后,杀机四伏,黑弃车砍炮换双炮实属无奈。黑如改走马 3 退 4,红则炮八进一;车 8 退 4(黑如车 8 平 7,红则炮八平五;卒 7 进 1,车五进二;马 4 进 5,后炮进五;将 5 平 4,车九平六;士 5 进 4,车六进四杀),炮八平五;车 2 进 2,车九平六,后有帅五平六助攻或者车六进五压马,黑均难应付。

**20.** 炮五平八，炮 7 平 2。

**21.** 车九平八，炮 2 平 1。

**22.** 车八退三，炮 3 退 1。

**23.** 车五进二，马 3 退 4。

**24.** 车五退四，车 8 退 1。

红方车退兵行线后，黑方已无可乘之机，失败的结果已不可挽回。

**25.** 帅五平六……

红方出帅，暗伏车八进九要杀，黑方只有车 8 平 4 叫将解杀，红方马七进六吃车后胜定。

**25.** ……卒 3 进 1。

**26.** 车八进九，卒 3 平 4。

**27.** 车五平九，卒 4 进 1。

**28.** 车九平六……

红车吃卒而不吃炮，是非常机智的着法。

**28.** ……车 8 平 5。

**29.** 车六退二。

以下黑如接走炮 3 进 1，红则车六平九；车 5 平 1，相三进五，捉死黑炮，黑方又几乎无子可动，遂停钟认负。红方此着也可走车六平五，兑掉车后，也是必胜无疑。

## 第 26 局　平炮打车，漏洞难补

图 26 所示是全国象棋个人赛中，宁波谢丹枫（红方）与陕西刘强以五六炮进七兵对反宫马弈至红方第 10 着后的棋局。双方布局正

常,但黑方因一招不慎,迅速败北,请看实战。

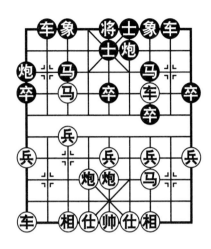

**图 26**

**10.** ……炮 6 平 7。

这是招致失败的大漏洞,黑方的局势由此迅速崩溃。应走车 2 进 3,红如车三平四,黑则炮 1 退 1,黑方局势稳固。

**11.** 马七进九……

红方把握战机,跃马踩炮,给黑方致命一击!

**11.** ……炮 7 进 2。

黑方只有炮吃红车,如果象 3 进 1 吃马,红则车三进一吃马后还要得回一子,黑方连失两子后也是败定。

**12.** 马九进七,将 5 平 4。

**13.** 炮六进一,车 2 进 7。

**14.** 车九进二,车 2 平 5。

黑如改走车 2 平 1,红则相七进九飞车后形成绝杀。

**15.** 相七进五。

黑方看到败势已难以挽回,遂停钟认负。黑方由于自己的"超级"失误而迅速失败的教训有很好的警示作用。

## 第27局　喜攻好杀,失误难免

图27所示是全国象棋个人赛中,四川李智屏(红方)与河北阎文清以仙人指路对卒底炮转顺炮弈至第7回合后的棋局。双方布局正常,红方仍持先手。

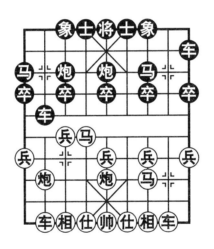

**图 27**

**8. 兵七进一……**

红方弃兵引离黑车,摆脱黑方对己方车、炮的牵制,属正常着法。

**8. ……车2平3。**

**9. 炮八平六……**

红方此着如改走炮八平七牵制黑方车、炮,或马六进五踏黑方中卒,亦不失先手。

**9.** ⋯⋯车 3 进 5。

黑方进车杀红方底相，是一步强攻的着法，反映出黑方喜攻好杀的棋艺风格。但如改走车 9 平 6，红则马六进五；马 7 进 5，炮五进四；士 4 进 5，车八进七，红方占优势。

**10.** 车八进二，车 9 平 6。

**11.** 马六进五，车 6 进 7。

黑方此时不能走马 7 进 5，否则红方炮五进四后，黑方无论士 4 进 5 还是士 6 进 5，局势都很危险。

**12.** 仕四进五，车 3 退 1。

**13.** 车二进六，卒 3 进 1。

**14.** 车二平三，卒 3 进 1。

**15.** 兵三进一，卒 3 平 2。

**16.** 炮六退一⋯⋯

红方献炮打车，伏马五进七踩炮抢先，是一步明智的着法。

**16.** ⋯⋯炮 3 平 2。

大漏着！黑方白丢一车而速败。此时只有走车 3 平 4 吃炮，红则马五进七；炮 5 进 5，车八平五；车 4 退 6，黑局势无大碍，可以一战。

**17.** 炮六平四。

红炮打车后可再平七打黑方另一车，且可防黑方闷杀，至此，黑方停钟认负。

## 第 28 局 右翼空虚，无险可守

图 28 所示是全国象棋个人赛中，河北申鹏（红方）与大连金波以

中炮过河车对屏风马平炮兑车弈至第 20 回合后的棋局。红方右翼空虚;黑车又升入红方腹地,塞住相眼,黑方已明显占优。

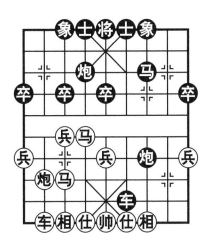

**图 28**

**21.** 仕六进五……

红方背对黑车撑仕,容易遭受黑方平炮闷杀的闪击,黑方可由此扩大先手。红方除此之外,也别无好着可以扭转不利局面。如改走炮八平九,黑则马 7 进 8;炮九退一,马 8 进 9;仕四进五(红如改走车八进五,黑则马 9 进 7;仕四进五,车 6 退 5;相七进五,炮 7 平 8,黑方占优势),车 6 退 5,后有炮 4 平 8 的凶着,黑方大占优势。

**21.** ……马 7 进 8。

**22.** 炮八退一,炮 4 平 7!

黑方平炮叫闷宫,逼红相飞边;红方阵形已乱,难以抵挡黑方侧翼的进攻。

**23.** 相三进一,车 6 退 5。

**24.** 炮八平九,车 6 平 7。

**25.** 帅五平六……

红如改走相七进五,黑则马 8 进 6;相一退三,前炮平 8,后有马 6 进 5 强踏中相的棋,红亦难以应付。

**25.** ……前炮平 8。

**26.** 相七进五,炮 8 进 3。

**27.** 相一退三,马 8 进 6。

**28.** 车八进五,车 7 进 4。

**29.** 炮九进一,马 6 进 4。

**30.** 马六进五,炮 7 进 7。

炮轰底相,黑已胜利在握。

**31.** 帅六进一……

红方上帅已属无奈,如改走相五退三吃炮,黑则车 7 平 3;炮九进四,马 4 进 5,红亦败定。

**31.** ……炮 7 退 1。

**32.** 帅六进一,炮 8 退 2。

黑方退炮暗伏车 7 平 5 杀相成杀的棋,着法紧凑。

**33.** 车八平二,炮 7 平 9。

**34.** 仕五进四,车 7 平 6。

红遂停钟认负。

## 第 29 局　神马跃出，五将归边

图 29 所示是全国象棋个人赛中,大连卜凤波(红方)与浙江赵鑫鑫以中炮过河车对屏风马平炮兑车弈至红方第 17 着后的棋局。红方

右翼空虚,底线受到黑方双车、双炮的严重威胁,形势不妙。黑方应怎样抓住战机,扩大优势,最终获胜呢?请看实战。

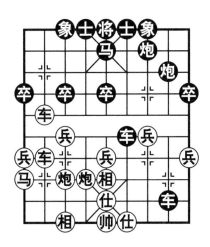

**图 29**

**17.** ……马5进6!

此为扩大优势的妙着,使红车失去了右移防守的机会,黑已形成五子归边的有利局面,红方的败局已不可挽回。

**18.** 炮七退一,车8平6。

**19.** 仕五进四……

红如改走帅五平六,黑则炮8进7;帅六进一,后车平4,黑方大占优势。

**19.** ……前车平9。

**20.** 仕四进五,车9进1。

**21.** 仕五退四,马6进7。

**22.** 前车平二……

红如改走相五进三,黑则车6进2;炮六退二,炮8进7,红已败定。

**22.** ……马 7 进 6。

**23.** 帅五进一……

红如改走炮七平四,黑则马 6 退 8,黑亦呈胜势。

**23.** ……车 9 平 6。

**24.** 车八平六……

红如改走车二进二吃炮,黑则前车平 5;帅五平六,车 6 平 4,红亦败定。

**24.** ……炮 8 平 2。

**25.** 车六平八……

红如改走车二平八,黑则后车退 3;车六进二,前车平 5;帅五平六(红如改走帅五平四,黑则马 6 退 8;车六平四,炮 7 平 6,黑胜),炮 7 平 2;车六平四,后炮平 4 叫将,黑胜定。

**25.** ……前车平 5。

至此,红方推枰认负。因红续走帅五平六,黑则炮 2 平 4;车八平六,车 5 退 2,红方难解黑方车 5 进 2 的杀着,黑方胜定。

## 第 30 局　边炮虚发,铸成大错

图 30 所示是全国象棋个人赛中,浦东葛维蒲(红方)与黑龙江聂铁文以仙人指路对飞象弈至第 10 回合后的棋局。

**11.** 炮六进二……

好棋!下一着有马三进五打车抢攻的先手,红方由此渐入佳境。

**11.** ……炮 2 平 1。

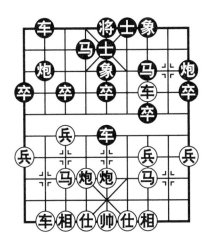

图 30

黑如改走车 5 平 6,红则车八进五;炮 9 退 1,车八平六;炮 9 平 7,车三平二;车 6 退 1,马三进五;车 6 平 4,马五进六,红方占优势。

**12.** 车八进九,马 4 退 2。

**13.** 马三进五,车 5 平 6。

**14.** 马五进六,车 6 进 1。

**15.** 马六进四,炮 1 退 1。

黑如改走炮 9 进 4,红则马七进八;马 2 进 4,马八进九,红方占优势。

**16.** 炮六平二,炮 9 进 4。

失算,造成速败。黑方应改走马 7 退 8,虽居下风,尚无大碍。

**17.** 车三进一,车 6 退 3。

**18.** 炮二进五,马 2 进 3。

黑如改走车 6 退 1,红则炮五进五;将 5 平 4,车三进二,红亦大占优势。

**19.** 车三平五。

黑马已无处可逃,失子失势,黑遂投子认负。

## 第31局　空心中炮,威力无比

图31所示是全国象棋个人赛中,四川李智屏(红方)与大连卜凤波以中炮直横车对屏风马双炮过河弈至第15回合后的棋局。红方的空心炮逼黑将出宫,但右车被封,攻势难以展开;黑方有一定的反击能力,局势仍很复杂。

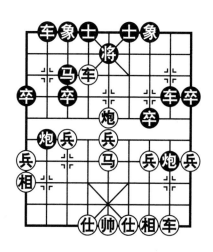

**图31**

**16.** 相三进五……

正着,红如改走兵七进一,黑则炮2进4;相九退七,车2进5,黑方大占优势。

**16.** ……车2进4。

黑方升车是为了下一步炮2平5打中兵,威胁红方中炮,但此目的不会实现。黑方此着可直接走炮 2 平 5 打兵，红如车六退三，黑则车 8 进 2；兵三进一，卒 7 进 1；车六平五，卒 7 平 6；马五退三，卒 6 平 5；马三进二，炮 8 平 5；炮五退二，卒 5 进 1，红方无优势可言，双方势均力敌，和意甚浓。

**17.** 兵七进一，车 2 平 3。

**18.** 仕四进五……

正着，红如随手走车六平七，黑则车 3 平 5；车二进三，车 8 进 3；兵五进一，炮 2 平 5，黑方呈胜势。

**18.** ……车 3 进 2。

**19.** 车六平七，车 3 平 4。

**20.** 兵三进一，卒 7 进 1。

黑如改走炮 2 进 1，红则车二平四；炮 8 进 3，车四进九；炮 8 平 9，帅五平四，红先成杀。

**21.** 车七平八，炮 2 平 4。

**22.** 相五进三，炮 4 进 4。

黑方由于局面受困，情绪急躁，用炮轰仕，导致失子。

**23.** 仕五退六，车 4 退 1。

**24.** 相三退五，将 5 平 4。

黑如改走车 4 平 5，红则马五进三；车 8 平 7，车二进三；车 7 进 2，车二进六；将 5 退 1，车八平五；士 4 进 5，车五进一；将 5 平 4，车五平六；将 4 平 5，车二平五，红胜。

**25.** 车八进一，将 4 进 1。

**26.** 仕六进五，车 4 平 5。

**27.** 车二平四，士 4 进 5。

**28.** 马五进三。

红胜。

## 第32局　针锋相对，方有出路

图32所示是全国象棋个人赛中，煤矿杨德琪（红方）与北京王跃飞以中炮过河车对屏风马平炮兑车弈至第25回合后的棋局。

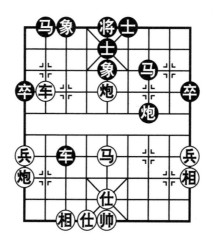

**图32**

**26.** 马五进六……

红方的意图在于强攻，如改走车八进三，黑则马7进5；马五进四，仍属对攻局面。

**26.** ……炮7平5。

黑平炮叫将，是当前的最强手，把应对的难题交给红方。

**27.** 相七进五……

红方飞相解将，失算，应变下去中相必丢，由此落入下风，招致失

败。应改走炮九平五,这样反击力较强,红方有很多机会,黑方的几种应法红方均可应对:

(1)车 3 平 8,帅五平四;车 8 进 3,帅四进一;马 7 进 8,车八进三;马 8 进 7,后炮平三;将 5 平 4,马六进七;将 4 进 1,车八退一;将 4 进 1,炮五平八,红胜。

(2)车 3 退 2,马六进五!马 7 进 5(黑如炮 5 退 2,红则炮五进五杀),马五进三;马 5 退 6,红车八进三吃马或车八平四均占优势。

(3)车 3 平 4,车八进三;车 4 退 2,车八平七;车 4 退 4,车八退三,双方势均力敌。

**27.** ……车 3 退 2。

**28.** 车八进三,马 7 进 5。

**29.** 车八退三,马 5 进 7。

**30.** 马六退五,炮 5 进 3。

黑方的进攻节奏紧凑明快,炮轰中相着法有力;红方虽然苦撑,但藩篱告破,无法固守,大势已去。

**31.** 仕五进四,车 3 进 2。

**32.** 马五进六,车 3 平 4。

**33.** 马六进四,马 7 进 8。

**34.** 帅五平四,炮 5 退 1。

**35.** 炮九进四,炮 5 平 6。

红方子力倾巢出动,欲做最后一搏,但形同虚设的后防线被黑方平炮叫将后,轻松突破。

**36.** 帅四平五,马 8 进 7。

**37.** 帅五进一,将 5 平 4。

黑方车、马、炮三子联攻，现出将助阵，干净利落地造成绝杀，黑胜。

## 第 33 局　平车啃炮，巧妙成杀

图 33 所示是全国象棋个人赛中，大连尚威（红方）与北京靳玉砚以中炮进七兵对左三步虎弈至第 9 回合后的棋局。

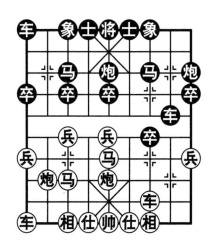

**图 33**

**10.** 马五进三……

红方跃马踩卒嫌缓，应改走车九平八较好。黑如马 7 进 6，红则马五进三；车 8 平 7，炮八进三，双方互缠，红方不失先手。

**10.** ……车 8 平 7。

**11.** 车九平八，车 1 平 2。

**12.** 炮八进四，炮 5 进 3。

**13.** 仕六进五……

红如改走马七进五,黑则卒 5 进 1,兑炮后,中卒挺进胁马,黑方占优势。

**13.** ……象 3 进 5。

**14.** 相三进一,士 4 进 5。

**15.** 车三平二,马 7 进 6。

**16.** 马三退四……

红如改走车二进一,黑则马 6 进 7;车二平三,马 7 进 9;车三平一,车 7 进 1,黑方得相占优。

**16.** ……炮 5 退 1。

**17.** 炮八退一,车 7 进 3。

**18.** 马四进三,马 6 进 7。

**19.** 车二进五,马 7 进 9。

**20.** 马三退二……

红如改走车二退四,黑则车 7 退 2;车二平一,车 7 进 1;马七进六,车 7 平 4;马六进七,炮 5 进 2;炮八退一,将 5 平 4;相七进九,象 5 进 3;兵七进一,车 2 进 5;车八平七,车 2 平 4,黑胜。

**20.** ……炮 9 平 7。

**21.** 帅五平六,车 7 平 5!

黑方炮 9 平 7,暗藏杀机,平车唷炮更是精彩。红如接走相七进五,黑则车 2 平 4;帅六平五,炮 7 进 7! 马二退三,马 9 进 7 杀。至此,红方停钟认负。

## 第 34 局　献卒妙手,跃马扩先

图 34 所示是全国象棋个人赛中,安徽张学潮(红方)与大连金波

以中炮过河车对屏风马平炮兑车弈至第 14 回合后的棋局。

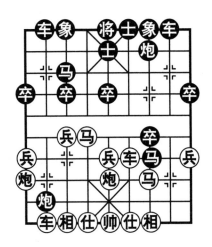

图 34

**15.** 兵五进一……

此着过于勉强，无后续手段。红应改走马六进五，黑则马 3 进 5；炮五进四，象 7 进 5；炮五平九，红方占先手。

**15.** ……象 7 进 5。

**16.** 仕六进五，车 8 进 6。

**17.** 马六进五，马 3 进 5。

**18.** 炮五进四，卒 7 平 6。

此为扩大先手的佳着，黑方献卒后伺机马踩中兵，取得了明显的优势。

**19.** 车四进一……

红方如随手走车四平六，黑方则马 7 进 5！马三进五，马 5 进 3；车六退二，炮 2 平 4；车八进九，炮 4 退 8；帅五平六，炮 4 平 2，黑方得车后胜定。

**19.** ·······马 7 退 5。

**20.** 相七进五，马 5 进 3。

黑方乘机跃马取势，使红方的左翼陷入受攻的困境，局势危急。

**21.** 炮九进四，车 8 平 7。

**22.** 马三退二，马 3 进 4。

**23.** 车八平七·······

红如改走车八平六，黑则车 7 平 4；炮九平八，卒 3 进 1，红方速败。

**23.** ·······炮 2 进 1。

**24.** 车七进一，车 7 平 4。

**25.** 车四平三·······

速败之着。红此时可改走仕五进六，黑则车 4 进 1；仕四进五，车 4 退 1；帅五平四，将 5 平 4；炮九退二，红方可以把战线拉长。

**25.** ·······炮 2 平 1。

黑方献炮巧妙！此时已见胜利曙光。

**26.** 炮九平八·······

红如改走炮九退六，黑则车 2 进 9；仕五退六，马 4 退 6；帅五进一，马 6 退 7，黑胜定。

**26.** ·······卒 3 进 1。

**27.** 车七平八，将 5 平 4。

**28.** 车八平九·······

红如改走车三进四，黑则车 2 进 3！车八进五，马 4 进 2；相五退七，马 2 退 3 杀。

**28.** ·······马 4 退 2。

黑胜。

## 第35局　退炮阻隔,妙手连珠

图 35 所示是全国象棋个人赛中,广东吕钦(红方)与河北张江以顺炮横车对直车弈至第 22 回合后的棋局。黑方阵脚已乱,且少两卒,明显处于下风。红方怎样扩大优势呢? 请看红方的精彩着法。

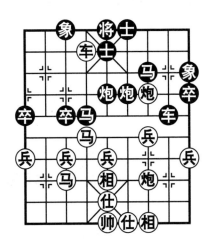

**图 35**

**23.** 前炮退一……

红方退炮隔断黑车,精巧之着,可谓轻灵飘逸,耐人寻味! 由此,红方取得了压倒性的优势。

**23.** ……马 4 进 6。

**24.** 前炮平九……

红方炮平九路,顿挫有序。黑方底线受攻,局势迅速崩溃。

**24.** ……车 8 退 2。

黑如改走卒 3 进 1，红则炮九进四；象 3 进 1，炮三进五；卒 3 平 4，炮三平八，红胜。

**25.** 炮九进四，象 3 进 1。

**26.** 车六平八，将 5 平 4。

黑如改走马 6 进 7，红则马六进五，黑亦败定。

**27.** 车八进一，将 4 进 1。

**28.** 车八退一，将 4 退 1。

**29.** 车八退一！

退车，一锤定音！以下黑如接走马 6 进 7，红则马六进五；将 4 平 5，车八进二；士 5 退 4，马五进七；象 1 退 3，车八平七绝杀，红胜。

或者炮九平七，士 4 进 5；炮七退四，士 5 退 4；车八平六杀。

# 第 36 局　寻找战机，献车精彩

图 36 所示是全国象棋个人赛中，浙江赵鑫鑫（红方）与上海浦东宇兵以仙人指路对飞象弈至第 26 回合后的棋局。红方双车、双马占位较好，处于攻势；黑方多双卒，局势各有千秋。

**27.** 马六进七……

这是一步阴招，红方有弃车后双马成杀的棋。黑方怎样化解呢？请看实战。

**27.** ……车 2 退 2。

这是一步不甚明显的错招，应改走车 7 进 1，则红方难有攻击取势的手段。

**28.** 车二进四……

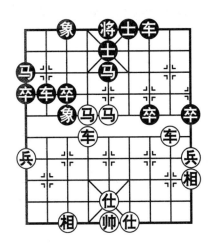

**图 36**

由于黑方应对的失当，红方乘机进车占据关键点，下伏车六进五，士 5 退 4；马五进四，车 2 平 6；车二平四抽车叫杀的凶着。

**28.⋯⋯车 2 平 3。**

**29. 帅五平六⋯⋯**

红方出帅弃马，巧借帅力助攻，暗伏杀着，精彩至极！

**29.⋯⋯车 7 进 2。**

黑方进车防守红马挂角叫将成杀，貌似自然，但仔细分析，却是致命败招。这步错误的防守，使黑方已无法挽回失败的命运。较为顽强的应着是马 5 进 4 献马，红如马七进五踩士，黑则士 6 进 5；车六进一，车 7 平 6；马五进三，车 3 进 1。至此，黑方多卒、单缺士，如防守正确无误，是能顶住红方双车、马的进攻的。

**30. 车六进五⋯⋯**

献车伏杀，红方简洁明快地先弃后取，轻松锁定胜局。

**30.⋯⋯士 5 退 4。**

**31.** 马五进六,车 3 平 4。

**32.** 车二平六,马 5 进 6。

**33.** 车六进一……

以下红方运用车、双马联攻,丝丝入扣,杀法精彩。

**33.** ……将 5 进 1。

**34.** 马六退四,将 5 平 6。

**35.** 车六退一,士 6 进 5。

黑如改走将 6 进 1,红则马七进六;将 6 平 5,车六平四,红胜。

**36.** 车六平五,将 6 退 1。

**37.** 马七进六,车 7 平 6。

**38.** 车五平二,将 6 平 5。

**39.** 车二进一,将 5 进 1。

**40.** 车二平四。

以下着法是:马 6 退 4,马六退七;将 5 进 1,车四平五;马 4 退 5,车五退一,红胜。


## 第 37 局　五子联手,老将助阵


图 37 所示是全国象棋个人赛中,大连金波(红方)与广东黄海林以五八炮进三兵对屏风马弈至红方第 15 着后的棋局。黑方双车占据要点,马、双炮待机而动;红方虽有沉底炮,但孤掌难鸣,对黑方构不成威胁,形势上黑方明显占优。怎样把优势转化为胜势呢? 请看黑方的精彩着法!

**15.** ……将 5 平 6。

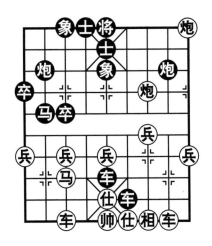

图 37

**16.** 相三进一，马 2 进 3。

**17.** 马七退六，车 5 退 1。

**18.** 车七进二，炮 2 进 7。

**19.** 马六进八……

红如改走车七退二，黑则马 3 进 5；炮三平七，马 5 进 7 绝杀，黑胜。

**19.** ……炮 2 平 6！

黑方炮打底仕，攻势凌厉，红方难以支撑。

**20.** 车七退一，马 3 进 5。

**21.** 车七平六，炮 8 进 6。

**22.** 帅五平六，车 5 平 2。

**23.** 兵三进一，马 5 退 3。

黑胜。

## 第38局  丝线拴牛，以势取胜

图38所示是"鄞州杯"全国象棋大师冠军赛中，河北陈翀（红方）与北京蒋川以中炮横车七路马对屏风马左象弈至红方第18着后的棋局。黑方多子，且有一卒已过河，形势占优。

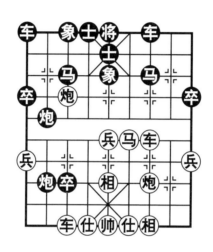

**图38**

**18.** ……前炮退2。

黑方退炮拴住红方车、马，是一步紧凑有力之着。

**19.** 炮三进五，马3进5。

**20.** 马四进五，前炮平7。

**21.** 相五进三……

子力交换的结果是红方一车换双子，但已失势；黑方又有一过河卒，红方相当被动。

**21.** ……卒3平4。

**22.** 炮七平八,车 1 平 2。

**23.** 炮三退一,卒 4 进 1。

**24.** 相三退五,炮 2 进 2!

制胜的一着,令红方难以招架。

**25.** 仕六进五……

红如改走车七进三,黑则炮 2 进 3;仕六进五,车 7 进 3;炮八平三,炮 2 平 1 绝杀,黑胜。

**25.** ……炮 2 平 5。

红方看到难以挽回败局,遂停钟认负。如接走兵五进一,黑则车 2 进 3;炮三平八,车 7 进 9,黑方有卒 4 平 5 的杀着,红方为了解杀,只有车七进一献车,黑方胜定。

## 第 39 局　舍车不顾,跃马踏仕

图 39 所示是"鄞州杯"全国象棋大师冠军赛中,江苏徐超(红方)与河北陈翀以五七炮进三兵对屏风马进 3 卒弈至红方第 18 着后的棋局。

**18.** ……炮 2 进 6!

黑方进 2 路炮深入敌后,是一步进攻的好棋。红方不敢进车吃黑方 8 路炮,因黑方有弃车成杀的棋。

**19.** 车六平八,炮 2 平 1。

**20.** 炮七平六,炮 8 进 3!

黑炮乘机窥视红方中兵,是一步有力之着。

**21.** 兵三进一,卒 7 进 1。

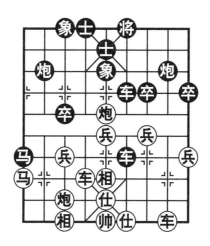

图 39

22. 炮六退一,卒 7 进 1。

黑方 7 路卒过河参战,其势渐盛。

23. 车八进一,卒 3 进 1。

24. 炮五平九……

红如改走相五进七,黑则炮 8 平 5,红亦难以应付。

24. ……卒 3 进 1。

25. 车八退二……

红如改走马九进七,黑则炮 1 退 4;车八平九,炮 1 平 8;车二平
三,前炮进 1,黑方得子后大占优势。

25. ……后车平 1。

26. 炮九平六,马 1 进 3。

27. 车八平七,炮 8 平 5。

28. 车二进九……

红方沉车叫将,失算。因红车有防守底线的重任,不能随便离开。

67

应改走马九进八捉车,这样局势仍很复杂,战线可以拉长。

**28.** ……将 6 进 1。

**29.** 前炮进三,士 5 进 4。

**30.** 车二退一,将 6 退 1。

**31.** 马九进八,马 3 进 5!

黑方置车被捉于不顾,跃马硬踏红方中仕,构思精妙,是本局的精华! 红方有如下的几种应法,但均无法挽回败局:

(1)马八进九吃车,黑则车 6 进 3;炮六平四,炮 1 进 1;相七进九,马 5 进 3 马后炮杀,黑胜。

(2)仕四进五,黑则炮 1 平 5;马八进九,前炮平 4;相五退三,车 6 平 5;相三进五,车 5 进 1,黑胜。

(3)车七平五,黑则车 1 平 6;前炮平四,前车平 7,后有车 7 进 3 再炮 1 进 1 要杀的凶着,黑亦胜定。

## 第 40 局  中卒逞威,三雄建功

图 40 所示是首届"来群杯"象棋名人战中,上海洪智(红方)与浙江于幼华以对兵局弈至红方第 16 着后的棋局。黑方左车牵制红方车、马,中路叠炮威胁较大,已经反先,此时应怎样扩大优势直至取胜呢? 且看黑方的精彩着法!

**16.** ……卒 5 进 1!

黑方冲中卒,恰到好处,令红方左右为难。

**17.** 兵三进一……

红方冲兵攻马,无奈之着。如改走兵五进一,黑则车 2 平 7;炮八

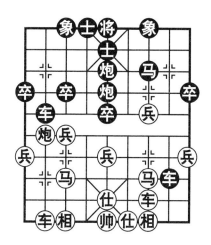

**图 40**

退二,后炮进 3,黑亦大占优势。

**17.**……车 2 平 7。

**18.** 兵三进一,车 8 平 7。

**19.** 车三进一,车 7 进 3。

**20.** 相七进五,卒 5 进 1。

**21.** 马七进六……

红如改走炮八退二,黑则卒 5 进 1 冲相,红亦败定。

**21.**……卒 5 进 1!

黑方冲卒硬拱红方中相,凶悍有力之着!红方不能马踏黑方前炮,因黑方有卒 5 进 1 拱红方中仕的杀着。

**22.** 相三进五……

红如改走帅五平六,黑则车 7 进 2,红亦败定。

**22.**……前炮平 8!

黑方平炮侧袭,是又一凶悍有力之着,红方难以支撑了。

**23.** 帅五平六, 炮 5 平 4。

**24.** 马六退四……

红如改走马六进四, 黑则炮 8 进 6; 相五退三, 车 7 进 2; 帅六进一, 车 7 退 5, 红马必丢, 最终败北。

**24.** ……车 7 平 5。

**25.** 马四进二, 炮 8 平 5。

红方停钟认负。

此局中黑方以车、双炮演绎成精彩杀势, 具有极高的欣赏价值。

## 第 41 局　车砍中象，四座称赞

图 41 所示是首届"来群杯"象棋名人战中, 广东吕钦（红方）与上海洪智以顺炮直车对横车弈至第 21 回合后的棋局。红方虽少一子, 但各子占位较好; 黑方车、马被封, 且少一象, 红方局势较优。

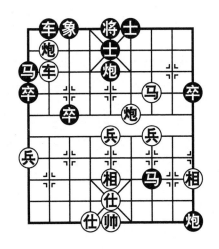

**图 41**

**22.** 马三进五,象 3 进 5。

**23.** 车八平五……

红方车砍中象,黑方犹如五雷轰顶,顿时进退维谷。

**23.** ……将 5 平 4。

黑如改走马 1 进 3,红则炮 4 平 3;马 7 进 8,相五退三;将 5 平 4,车五平七,黑亦难以应付。

**24.** 炮四平三,马 7 进 8。

**25.** 相五退三,将 4 进 1。

**26.** 车五平九……

红方乘机平车吃马,挽回损失,已胜利在望。

**26.** ……车 2 平 3。

黑方此时不能车 2 进 1 吃炮,因红方可炮三进三叫将后抽得黑车。

**27.** 车九进一,车 3 进 3。

**28.** 炮八平五,将 4 进 1。

**29.** 炮五平一,车 3 平 8。

**30.** 仕五退四……

红方退仕,既可防止黑方反击,又为中兵渡河参战助威,是攻守两利之着。

**30.** ……卒 3 进 1。

**31.** 兵五进一,卒 3 平 4。

**32.** 炮三进三,车 8 退 2。

**33.** 兵五进一,卒 4 平 5。

**34.** 车九退一,将 4 退 1。

**35.** 兵五进一。

黑只有接走将 4 退 1，红则炮三进一；士 6 进 5，车九进二；将 4 进 1，兵五进一；将 4 进 1，车九退二杀。至此，黑停钟认负。

## 第 42 局　着法严谨，双炮显威

图 42 所示是全国象棋个人赛中，湖北柳大华（红方）与广东张学潮以仙人指路对中炮弈至红方第 30 着后的棋局。红方过河兵正捉住黑方马、炮，但黑方左沉底炮对红方有很大威胁，黑方占优。

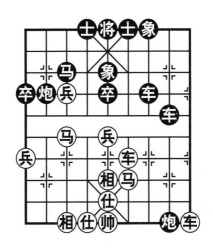

**图 42**

**30.** ……炮 2 进 6。

黑方右炮沉底，对红方的底线加大了压力，是扩大优势的有力之着。

**31.** 马七进八……

面对黑方双沉底炮形成的左右开弓之势，红方进马奔槽强攻，实属无奈。红如改走兵七进一吃马,黑则炮 8 平 4;仕五退六,车 8 平 4,红方无法应付。再如改走车四平二,黑则炮 8 平 4;车二进二,炮 4 平 9,黑方亦多子,呈胜势。

**31.** ……马 3 退 2。

**32.** 马八进七,马 2 进 4。

**33.** 车四平八,炮 2 平 1。

**34.** 车八平六……

红可改走车八退三,炮 1 退 1;车八进三,炮 1 进 1;车八退三,炮 1 退 1,双方不变,可成和棋。

**34.** ……车 7 进 6。

**35.** 仕五退四,车 7 退 8。

黑方在占优势的状态下,行棋滴水不漏,令红方无从反击。

**36.** 仕四进五,车 8 进 3。

**37.** 马四进三,炮 8 平 4。

黑方"炮碾丹砂",连消带打,十分精彩。

**38.** 马三退二,炮 4 平 9。

**39.** 仕五退六,炮 9 平 4。

**40.** 马二进三,车 7 平 8。

**41.** 马三进二,将 5 进 1。

此着是攻不忘守的好棋,红已无任何机会。

**42.** 马二退四,炮 4 退 1。

**43.** 相七进九,炮 4 平 2。

车、双炮成杀,黑胜。

## 第43局　神兵冲锋，马炮成杀

图43所示是全国象棋个人赛中，北京龚晓民（红方）与厦门郑一泓以五八炮进三兵对屏风马弈至第25回合后的棋局。红方各子占位较佳，又有过河兵助战，形势明显占优，该怎样快速取胜呢？请欣赏红方的精彩着法！

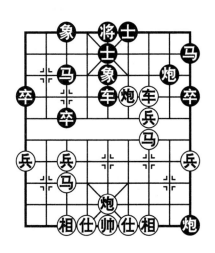

**图43**

**26.** 马七进五，车5平4。

**27.** 炮四进二，车4进2。

黑如改走车4平7兑车，红则兵三进一，红亦大占优势。

**28.** 兵三平二，马9退7。

黑退马诱红车三进三吃马，黑车4平6叫杀后可得回一子。

**29.** 兵二进一，车4平6。

黑除此之外，别无其他好棋可走。

**30.** 车三平四,车 6 退 2。

**31.** 马三进四,炮 8 退 1。

**32.** 兵二进一,炮 8 平 9。

**33.** 炮四平二,后炮进 5。

**34.** 马四进三,将 5 平 4。

**35.** 炮五平六。

形成"肋炮卧槽马"绝杀,红胜。

## 第 44 局　　平车失算,轰象制胜

图 44 所示是全国象棋个人赛中,江苏赵剑(红方)与陕西刘强以仙人指路对卒底炮弈至红方第 17 着后的棋局。双方短兵相接,揭开了中局激战的序幕。

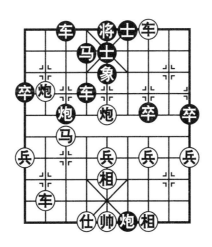

**图 44**

**17.** ⋯⋯车 4 平 5。

黑如改走车 3 平 2,红则帅五平四;车 4 平 6,帅四平五;车 2 进 3,车八进五;车 6 平 2,车三退二,红优。

**18.** 车三退二,炮 6 退 7。

**19.** 兵五进一,车 3 平 2。

黑平车捉炮,失算,忽略了红有弃炮打象的妙手。应改走车 3 进 2,尚可一战。

**20.** 炮五进二,士 5 退 4。

黑如改走车 5 退 1 吃炮,红则炮八平二;士 5 退 4,炮二进三;士 6 进 5,车三进二;炮 6 退 2,车八进八;马 4 退 2,车三退四;炮 6 进 2,车三平七;车 5 进 3,车七平三,红方占优势。

**21.** 车三退二,车 5 退 1。

**22.** 车三平七,车 5 进 3。

**23.** 车七平六,炮 6 平 8。

**24.** 车八平二,炮 8 平 5。

**25.** 车六进三,车 5 进 2。

**26.** 车二平五,车 5 退 4

**27.** 马七进六……

红进马弃炮卧槽,精彩之着。红方由此速胜。

**27.** ……车 2 进 3。

**28.** 马六进七,车 2 平 3。

**29.** 车六退二,将 5 进 1。

**30.** 车六平七……

红胜。

## 第45局　奇招制胜,车炮妙杀

图45所示是浙江省象棋赛中,西湖胡广昌(红方)与东湖吴启生以中炮过河车对屏风马横车弈至第9回合后的棋局。

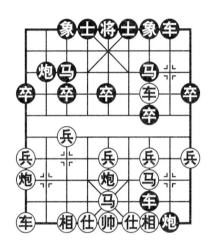

**图 45**

**10.** 车九平八……

红出左车捉炮,攻击黑方空虚、薄弱的右翼固然重要,但当务之急应是解决"窝心马"问题,"窝心马"现在是红方的心头之患。此着应改走炮五平七,车7平6;炮七退一,车6退3;马三退二,车8进9;相七进五,双方均势。

**10.** ……炮8平9。

黑方置右炮被吃于不顾,左炮平边,反映出黑方喜攻好杀的风格。

**11.** 炮九退一……

红方还是应改走炮五平七,黑则车8进9;炮七退一,车7平6;马三退一,车6退4(若车8平7,红则炮七平四;车7退1,马一退三;车7平6,马五进七,红优);马五进三,车8退4;兵三进一,车8平7;相七进五,车7平4;车八进七,红方得子占优。

**11.** ……炮2进6。

**12.** 车八进一……

红方此时再走炮五平七,黑则车8进1;车三平四,炮2平4;炮七进四,车8进8;马三退一,车7平9;马五进三,炮9平7;仕四进五,炮7平4;马三退二,炮4平2;仕五退六,车9进1;车四平二,马7进6,黑方呈胜势。

**12.** ……车8进9。

**13.** 车八进六,车7平6。

黑方弃炮,置双车和双马于虎口而不顾,算准必操胜券,精彩至极!

**14.** 马三退一,车6进1!

黑出奇招取胜,令人赞叹!

**15.** 帅五平四,车8退1。

车、炮绝杀,黑胜。

## 第46局　棋王风范,后生难忘

为给读者以精神享受,本书刊登了一代棋王谢侠逊的一盘精彩对局。此局是谢老20世纪30年代于印尼三宝垅迎战周金铸、黄敦笃(红方)联军的一局棋。双方是以顺炮直车对横车开局。谢老步步在理、着着犀利,杀法巧妙,仅走22步就让对方俯首称臣。谢老这一精彩对局是我国棋艺宝库中不可多得的珍品。下面就来介绍这盘棋。

**1.** 炮二平五，炮 8 平 5。

**2.** 马二进三，马 8 进 7。

**3.** 车一平二，车 9 进 1。

**4.** 车二进六，卒 3 进 1。

**5.** 车二平三，马 2 进 3。

**6.** 炮八进二，马 3 进 4。

**7.** 炮八平三，马 4 进 6。

**8.** 车三平四，马 7 进 8。

**9.** 车四退一，炮 2 进 2！

黑方进炮打车，顿使红方陷入困境。红方不能走车四平七吃卒，因黑方有马 6 进 4，车七平八；马 4 进 3，卧槽马叫将后抽得红车的手段。

**10.** 炮五进四……

红方进炮打卒叫将，败着，此时只有车四进二。车离险地，虽处劣势，尚可周旋。

**10.** ……士 6 进 5。

**11.** 车四平七，马 6 退 5。

**12.** 车七平八……

红如改走车七平二吃马，黑则马 5 进 7 叫将，再炮 2 平 8 打车，黑得车，胜定。

**12.** ……马 5 进 4。

**13.** 车八平五，马 4 进 6！

**14.** 车五进二……

红方弃车啃炮，无奈之举。如改走车五退一，黑则马8退6；车五进二，前马进7；帅五进一，车1平2；相七进五，车2进8；马八进六，马6进7；兵三进一，车9平6，黑方胜定。

**14.** ……马6进7。

**15.** 帅五进一，车1平2。

**16.** 相七进五，车2进8。

**17.** 马八进六，象7进5。

**18.** 车九平八。

如图46所示，红出车邀兑，黑方随手兑掉车后，有车杀无车，也是胜定。但黑方却走出了技惊四座的妙招。

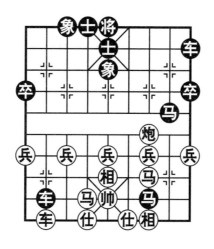

**图 46**

**18.** ……车9平6!

弃车，算度精确，巧妙至极!

**19.** 车八进一，将5平6!

**20.** 马三退一，车6进7。

**21.** 帅五退一,车6进1。

**22.** 帅五进一,车6平5!

海底捞月,黑胜。

## 第47局　神马腾飞,直捣黄龙

图47所示是全国象棋锦标赛中,广州杨官璘(红方)与西宁张增华以列手炮开局弈至第9回合后的棋局。一代宗师杨官璘布局完成后,从第10着开始,发起了猛烈的进攻,着法异常精彩! 其入局精妙,耐人寻味! 请欣赏以下实战。

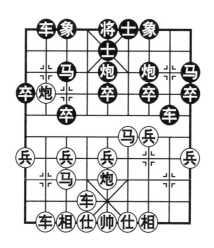

**图 47**

**10.** 马四进五,炮7平6。

黑方此着应走马3进5吃马,虽居下风,但比实战要好。

**11.** 马五进七,炮6平3。

**12.** 炮八平五! ⋯⋯

凶着！在已控制中路和将门的形势下，乘势架起中炮，迫使对方兑车，黑方局势立呈危机。

**12.** ……车2进9。

黑如改走车2平1，红则车八进八，然后可仕六进五，帅五平六，形成"铁门拴"杀。

**13.** 马七退八，炮3平1。

**14.** 仕六进五，马9退8。

**15.** 帅五平六，炮1退2。

**16.** 兵九进一，马8进7。

**17.** 兵五进一，卒7进1。

**18.** 兵三进一，车8平7。

**19.** 马八进九，车7进1。

除此之外，黑方还有另外两种应着，都不免一败：

(1)马7进5，炮五进四；车7进1，车六进三；车7退2，车六进二；车7进2，马九进八；车7平5，马八进九；车5平1，马九进八；车1平2(车1退4，车六平七绝杀)，车六平七；车2平4，帅六平五，红胜。

(2)卒3进1，兵七进一；马7进5，炮五进四；卒1进1，兵九进一；车7平1，车六进五，以下红再走马九退七，马七进六，马六进七，红胜。

**20.** 后炮平八！……

平炮要杀，凶着！红方迅速入局。

**20.** ……炮1平2。

**21.** 马九进八，炮2平1。

**22.** 马八进七，炮1平2。

**23.** 马七进九!

红方边马连跳 3 步做杀,直捣黄龙,黑方只好认负。本局中红方妙着连珠,杀法简洁,是不可多得的佳作!

## 第48局 兵入九宫,重炮绝杀

图 48 所示是全国象棋锦标赛中,北京侯玉山与郑州毕铁栅以五七炮进三兵对屏风马进 3 卒弈至第 16 回合后的棋局。红炮镇中,红车锁住黑方车、炮,红方形势明显占优。

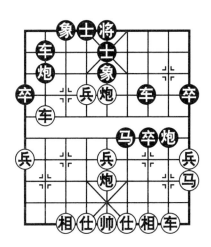

**图 48**

**17.** 兵一进一······

红挺边兵,通马路威胁黑炮,是当前的最佳选择。

**17.** ······马 6 进 7。

黑如改走车 7 平 8,红则车八平三,黑立显败势。

**18.** 车二进二,马 7 退 5。

**19.** 马一进二，卒 7 平 8。

**20.** 车二进二，车 7 退 3。

**21.** 兵六进一……

红冲兵入宫，已胜利在望。

**21.** ……马 5 退 7。

**22.** 仕四进五，车 2 平 3。

黑方无棋可行，只有弃炮出车。

**23.** 车八平三！……

红方平车、欺车捉马要杀，着法精彩有力！

**23.** ……将 5 平 6。

**24.** 车三平四，将 6 平 5。

**25.** 兵六平五。

重炮绝杀，红胜。

## 第 49 局　炮轰底仕，舍身擒王

图 49 所示是全国象棋赛中，广西余贵燊（红方）与上海胡荣华以中炮巡河车对鸳鸯炮弈至红方第 20 着后的棋局。红方丢失双相，防守困难；黑方 5 路马占位极佳，可向 3、7 路卧槽叫将，形势大优。此时黑方抓住战机，连出妙着，迅速入局。

**20.** ……车 8 进 5。

**21.** 炮三平四……

红如改走炮三退二，黑则马 5 进 7；帅五平六，象 5 退 7，后有炮 6 平 4 叫将，红亦速败。

84

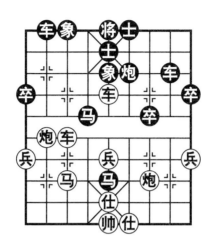

图 49

**21.** ……炮 6 进 7 !

弃炮轰仕，着法精彩有力！

**22.** 帅五平四……

红方已无法应付，此着纯属无奈。

**22.** ……车 8 平 6。

**23.** 帅四平五，车 6 平 8。

**24.** 帅五平六，马 5 退 3。

黑方进炮轰仕，连出妙着，取胜一气呵成，使人有水到渠成之感。

## 第 50 局　神马卧槽，一招制胜

图 50 所示是全国象棋锦标赛中，哈尔滨王嘉良（红方）与杭州刘忆慈以中炮过河车对屏风马左马盘河弈至第 13 回合后的棋局。双方布局属正常，红方持先手。

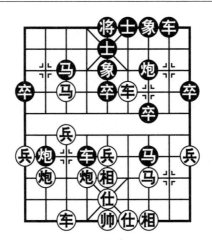

图 50

**14.** 炮八退一,炮 2 平 5。

红方退炮,恰到好处,既可打死黑车,又可与红马卧槽配合做杀。黑方炮击中兵,被红方"劣马"兑掉,削弱了防守力量,最终导致失败。黑应改走炮 2 进 1 威胁红方中相,或者炮 2 退 3 牵制红方七路马,阻止红马卧槽,这样尚可一搏。

**15.** 马三进五,车 4 平 5。

**16.** 马七进九……

红方进马卧槽,使黑方难以应付,红方由此奠定胜利基础。

**16.** ……马 3 退 2。

**17.** 马九进七,马 2 进 4。

**18.** 炮八平六,马 7 进 6。

**19.** 车四平三,车 5 进 1。

**20.** 车三进一,车 8 进 6。

**21.** 车七平八,士 5 退 4。

**22.** 后炮进七,车5平4。

**23.** 炮六退二。

红方卧槽马叫将,黑方只有将5进1,车三进一杀。

红胜。

## 第51局　妙弃双车,重炮绝杀

图51所示是全国象棋赛中,河南李忠雨(红方)与河北刘殿中以中炮缓开车对左三步虎弈至第13回合后的棋局。黑方进马邀兑,抢夺先手,车、双炮威胁红方底车,黑方局面已经占优。

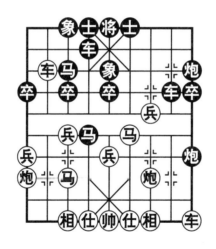

**图51**

**14.** 马七退五……

红如改走马七进六,黑则车4进4;马四退五,车8进3,黑方大占优势。再如红相三进五,黑则前炮平7;炮三平一,马4进3,黑方得子占优,胜定。

**14.** ······车 8 进 3!

黑方献车,精彩!

**15.** 马四退二,前炮平 5。

**16.** 马五进六,炮 9 进 7。

**17.** 炮三平六,马 4 进 6!

黑方再次跃马献车,令人赞不绝口!

**18.** 炮六进六······

红如改走马二进四,黑则马 6 进 7;帅五进一,炮 9 退 1 马后炮杀。

**18.** ······炮 9 退 4!

黑方妙献双车,重炮要杀,红方认负。

## 第 52 局　弃马出帅,艺高胆大

图 52 所示是全国象棋赛中,河北李来群(红方)与福建顾贤忠以右边马对左中炮开局弈至红方第 11 着后的棋局。红方虽少一子,但各子占位极佳,攻守两利;黑方双炮孤立无援,无所作为,红方占优势。

**11.** ······车 9 平 8。

黑如改走车 1 进 1,红则车九平八;车 9 进 1,帅五平六;车 9 平 2,车六进五;将 5 进 1,马四进三杀!

**12.** 帅五平六······

红方进马捉炮,升炮压马,出帅催杀,真可谓妙着连珠,令黑方难以招架。

**12.** ······士 6 进 5。

**13.** 炮二平六,车 1 进 2。

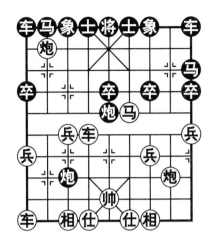

图 52

**14.** 车九平八,象 3 进 5。

**15.** 马四进三,车 8 进 8。

**16.** 仕六进五,象 5 进 7。

**17.** 马三退五,卒 9 进 1。

黑方挺边卒,试图为边马找出路。

**18.** 马五进六,马 2 进 4。

黑如改走车 1 退 2,红则炮八退二;象 7 退 5(马 2 进 4,车六进四,红胜定),马六退八,黑方丢车,败定。

**19.** 车六进四,将 5 平 6。

**20.** 炮八进一,将 6 进 1。

**21.** 车六退二,车 1 平 8。

黑如改走车 1 平 6,红则帅六退一;车 8 退 6,车八进五;炮 5 进 1,炮六平四;车 6 平 4,车八平四;车 8 平 6,炮八退一,红胜。

**22.** 车六平四,后车平 6。

黑如改走士 5 进 6,红则车八进八;士 4 进 5,炮六平四;前车退 3,车四平五;炮 5 平 6,车八平五;将 6 退 1,前车进一;将 6 进 1,后车进二,红胜。

**23.** 炮六进六,士 5 退 6。

**24.** 炮八退一。

红胜。

## 第 53 局　马炮争艳,一锤定音

图 53 所示是全国象棋赛中,上海胡荣华(红方)与新疆张毓炎以飞相局对还架中炮弈至第 16 回合后的棋局。红方已大占优势,只走几步就攻破了对方城池,着法相当紧凑和精彩。

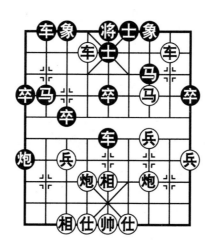

**图 53**

**17.** 马三进一……

进马卧槽,奠定胜局。

**17.**……车 5 平 6。

**18.** 炮三进五……

红如改走马一进三,黑则车 6 退 4;炮三进五,车 6 平 7;车二平三,红亦胜定,但没有原着法精彩。

**18.**……象 7 进 5。

**19.** 车二平四,士 5 进 6。

**20.** 炮三平五!

绝杀,红胜。

## 第 54 局　出其不意,攻其不备

图 54 所示是全国象棋赛中,内蒙古秦河(红方)与吉林王健夫以顺炮横车对直车弈至第 12 回合后的棋局。红方炮镇中路,"双鬼拍门";黑方稍有不慎,就有可能被斩于马下。黑方迫于形势,进边马咬车,待红方逃车后再马 3 进 4,兑掉红方中炮,消除危险。红方真的会像黑方想象的那样行棋吗? 请看实战。

**13.** 兵三进一,车 8 平 7。

**14.** 马四进五,马 3 退 4。

**15.** 马五进三……

红方并没有按照黑方的意图行棋,而是采用强攻手段。马五进三吃马,更是出乎黑方所料。黑方原以为红方必走马五退三吃车,黑则卒 7 进 1,黑方多子占优。

**15.**……将 5 平 4。

黑如改走炮 4 平 5 解杀,红则炮五进五;将 5 平 4,炮五平六;士 5

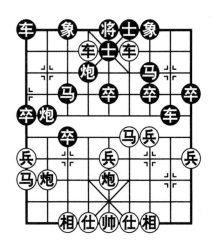

图 54

进 4，马三退五，形势仍很复杂，红方易走。

**16.** 马三退五，车 7 平 8。

黑方车 7 平 8，大漏着，造成红方弃车巧杀。应改走炮 2 平 5，这样虽居下风，但尚可支撑。

**17.** 车四进一！

弃车，马、炮妙杀，红胜。以下是士 5 退 6，马五进七杀。

## 第 55 局　机不可失，时不再来

图 55 所示是全国象棋赛中，上海朱永康（红方）与黑龙江孙志伟以五六炮对屏风马弈至第 16 回合后的棋局。黑方上一着车 2 进 1，目的明显，就是准备右车左移制造杀局。红方还有机会扭转局面吗？请看实战。

**17.** 马四进五……

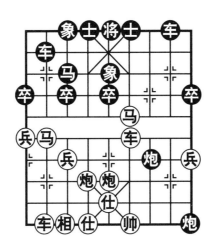

图 55

红方失去一个绝佳的机会,应改走马四进二。黑方主要有两种应法,但都难逃厄运:

(1)车 8 进 3(车 2 平 8,炮五平二打双车),车四进五;将 5 进 1,马八进六;车 2 进 8,马六进七;将 5 平 4,车四平六,红胜。

(2)卒 3 进 1(车 2 平 4,马八进六;车 4 进 3,马二进三;将 5 进 1,车四进四;将 5 退 1,车四平六,红胜),马八进六;马 3 进 4,车八进八;马 4 进 6,马二进三或者马二进四杀,红胜。

**17.** ……象 3 进 5。

**18.** 马八进六,车 2 平 8。

黑方当然不能走车 2 进 8 吃车,因红方有马六进五杀象的绝杀手段。

**19.** 帅四进一……

败着,红方又失去一个机会。应走马六进五踏象对杀,在对杀中求得生机。此时黑要解杀,必走炮 7 平 5,红则马五进四;前车进 7,马四退三;后车平7,车四进三;车8退6,车四平七;车7进2,车七平三;车8平7,车八进四;车7平6,炮五平四;卒5进1,炮六平五,红方呈胜势。

**19.** ……前车进7。

**20.** 帅四进一,炮7进1。

以下的着法是:炮五平三,炮9退2;炮三进七,后车平七;帅四平五,车7进7;车四退二,车八平六,黑胜。红方错过两次大好机会,实在可惜。

## 第56局　行如流水,秩序井然

图56所示是全国象棋赛中,河北刘殿中(红方)与辽宁赵庆阁以五七炮对反宫马弈至第16回合后的棋局。红方虽炮镇中路,但各子联系较差,对黑方构不成威胁;而黑方多子深入红方腹地,各子占位较好,随时可发动攻势,红方局势明显不稳。

**17.** 炮七平三……

红方平炮叫杀,意图明确,就是要在混战中寻找机会。黑方如果用马兑炮,红方满意。

**17.** ……马5退7。

黑方不用马5进7兑炮,而是马5退7解杀,富有深远的想象力。此着使红方几个强攻的棋子受到很大的牵制。

**18.** 车八平四,车2平5。

**19.** 炮五退二……

此时红方不能走车四进三,因黑方有车5进2,车四平五;马7进

94

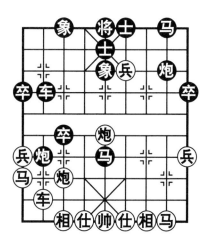

图 56

6,帅五进一;马6退5得子的棋。

**19.** ……车5平8。

**20.** 车四进三……

败着。红方应改走马二进一,这样虽处劣势,但可把战线拉长。

**20.** ……炮2平5。

黑方行棋秩序井然,现平炮叫将,迅速取胜。

**21.** 仕六进五……

红如改走炮五进五(若仕四进五,炮8进7),黑则象3进5;车四平三,炮8进7;车三平五(兵四平五,车8平5;车三平五,车5平7,黑方呈胜势),炮5平7;炮三平五,士5进6,黑方呈胜势。

**21.** ……车8平4。

**22.** 马九退八,卒3进1。

已形成"铁门拴"之势,黑方出将形成绝杀,红方无法解救,只好认负。黑胜。

## 第57局　献炮精彩,欺车定胜

图57所示是全国象棋赛中,青海宋万昌(红方)与天津黄少龙以中炮对鸳鸯炮弈至第10回合后的棋局。双方布局均不落俗套,棋子占位煞是好看,在重大比赛中非常少见。

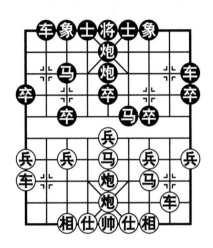

**图57**

**11.** 车二平四,马6进7。

**12.** 车四进二,卒7进1。

**13.** 车九平六,车2进8。

**14.** 车六进五,马3进2。

**15.** 车六退二,后炮平3。

**16.** 马五退七,马2进3。

**17.** 车六平四,炮5平6。

黑方献炮,出人意料,红方会接受献子吗?

**18.** 前车平七……

红如改走前车进二‚黑则车 9 平 6;车四进四‚马 3 进 5;相三进五‚炮 3 进 6;马三进五‚炮 3 平 1;马五进三‚炮 1 进 2;相五退三‚车 2 平 4;炮五进五‚车 4 进 1;帅五进一‚车 4 平 5;帅五平六‚车 5 退 4;炮五退一‚将 5 进 1;车四平三‚车 5 平 4;帅六平五‚将 5 平 4;马三退五‚马 7 退 5;车三平七‚象 3 进 1;车七平九‚卒 3 进 1;车九平七‚卒 3 平 2‚红方各子受制‚黑方又有过河卒助战‚形势大优。

**18.** ……马 3 进 5。

**19.** 车七进三……

红如改走相七进五‚黑则炮 6 平 3;车七平四‚士 4 进 5;马三进五‚车 9 平 4‚黑方呈胜势。

**19.** ……卒 7 平 6。

**20.** 相七进五……

黑方平卒欺车‚精彩。红车无路可逃‚只有飞相吃马‚红方丢车后败定。如改走车四进一吃卒‚黑则马 5 退 6 吃车‚红亦败定。

**20.** ……卒 6 进 1。

**21.** 车七退五‚马 7 退 6。

**22.** 兵五进一‚卒 5 进 1。

**23.** 车七进二‚象 7 进 5。

**24.** 车七平五‚马 6 进 7。

**25.** 车五平三……

速败之着。在这种恶劣的形势下‚不论红方怎样应对‚只能延长战线‚不能挽回败局。

**25.** ……车 2 平 5。

咬炮后再吃车，黑胜。

## 第58局　炮占花心，弃车妙胜

图58所示是全国象棋赛中，河北刘殿中（红方）与甘肃钱洪发以飞相对跳边马开局弈至红方第19着后的棋局。红方下一着有炮二平八兑车的争先妙着。

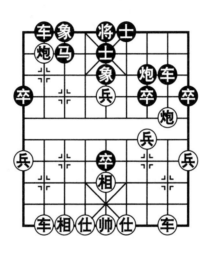

**图58**

**19.**……卒7进1。

正着。黑方挺卒断红方右炮左移的通道，使红方的目的不能实现。

**20.** 兵三进一，车8进1。

随手之着，由此速败，应改走象5进7吃兵，双方均势。

**21.** 兵三进一……

弃兵通炮路，佳着！

**21.** ……车 8 平 7。

**22.** 炮二进四,象 5 退 7。

黑如改走炮 7 退 2,红则车二进八,红胜定。

**23.** 车二进七,炮 7 平 4。

又一速败之着。黑如改走马 3 进 4,红则兵五平六;炮 7 平 5,仕六进五;卒 5 进 1,相七进五;车 7 平 4,车二平三;将 5 平 4,车三进二,红方胜定。

**24.** 炮八平五。

炮打花心士,精妙之着。以下着法是:车 2 进 9,炮五退五;象 3 进 5,兵五进一;将 5 平 4,兵五平六;车 7 平 5,车二平四;车 5 进 3,车四进二;马 3 退 5,车四退一,红胜。

## 第 59 局　车换二子,抢夺先手

图 59 所示是全国象棋赛中,广西余贵燊(红方)与四川陈新全以顺炮直车对缓开车弈至第 8 回合后的棋局。

**9.** 炮八平五……

红如改走马六进五,黑则车 2 进 3;马五进三,车 2 进 6;马三进一,车 2 退 8;马一退二,车 2 平 6,黑方易走。

**9.** ……马 7 进 5。

**10.** 车八进九,马 5 进 4。

黑方一车换二子,争得了先手。

**11.** 车八退四,卒 3 进 1。

**12.** 车八进一……

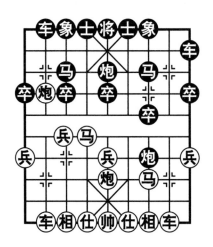

图 59

红如改走车八平七，黑则马 4 进 5；相三进五，马 3 进 5；车七平八（车七进四，马 5 进 6），卒 7 进 1，黑方占优。

**12.** ······卒 3 进 1。

**13.** 车八平四，马 3 进 4。

**14.** 车四退四，卒 7 进 1。

**15.** 相三进一，前马进 5。

**16.** 相七进五，炮 7 平 1。

**17.** 相一进三，车 9 平 2。

黑方左车右移后，已胜利在望。

**18.** 仕四进五，马 4 进 5。

**19.** 帅五平四，炮 5 平 6。

**20.** 帅四平五，炮 6 平 3。

黑方胜定，红方认负。

以下的着法是仕五退四，炮 1 进 3；仕六进五，车 2 进 8；仕五退

六,车 2 退 1;仕六进五,马 5 进 3;仕五进六,车 2 平 4;仕四进五,车 4
进 1,黑胜。

## 第 60 局　炮控车,妙! 车限炮,要!

图 60 所示是全国象棋赛中,北京殷广顺(红方)与贵州姚伟以顺
炮横车对直车弈至第 9 回合后的棋局。

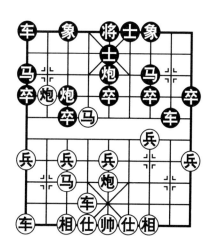

**图 60**

**10.** 炮八进一,卒 5 进 1。

红方炮八退一,牵制黑车,是一步好棋。黑方卒 5 进 1,如改成车
8 进 2,红则炮八进二;士 5 进 4,马六进五;象 7 进 5,车六进六,红方
大占优势。

**11.** 马六进五,象 7 进 5。

**12.** 车六进五……

紧着。目的是阻挡黑炮平中,削弱黑方的防守力量。

**12.** ……车 1 平 2。

**13.** 炮八平五,卒 3 进 1。

**14.** 车九进一……

红方出动横车,准备平六要杀,红方已控制整个局面。

**14.** ……车 2 进 4。

黑方进车捉炮,目的是用一车换两炮。红方不会让黑方达到目的。

**15.** 兵五进一,卒 3 平 4。

**16.** 车九平六……

红车平左肋,立显绝杀局面,黑方难以应付。

**16.** ……炮 3 平 2。

**17.** 后车进三,炮 2 退 3。

**18.** 后车平七,马 7 进 5。

黑方弃马解杀,实属无奈。

**19.** 车六平五……

红方亦可改走车六进二要杀,黑则马 1 进 3;车七进二,象 3 进 1;前炮进二,士 5 退 4;后炮进四重炮杀,红胜。

**19.** ……车 2 平 4。

**20.** 车五平三,车 4 退 4。

黑如改走将 5 平 4,红则仕六进五,再后炮平六叫将,黑亦败定。

**21.** 车三平四,车 8 进 5。

**22.** 后炮平一。

黑方见大势已去,遂主动认负。

红方此着如改走后炮平四,亦可速胜。黑只有车 8 退 9 保士,红则车四进二,下一着炮四进七打士,再车四平五杀。

## 第61局　炮轰中卒,献兵得车

图61所示是全国象棋赛中,河南王全胜(红方)与辽宁卜凤波以列手炮弈至红方第14着后的棋局。

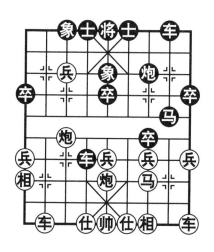

**图61**

**14.** ……卒7进1。

随手之着。黑方中卒不保,形势相当危险。应改走马8进6,既保护中卒,又踩红方屈头马,还亮出8路车,真是一着三用。红如车一平二,黑则车8进9;马三退二,卒7进1,黑虽少一子,但各子占位较好,配合密切,且有过河卒助战,局势乐观。

**15.** 炮五进四,士4进5。

**16.** 兵七进一,将5平4。

**17.** 炮五平八,炮7退1。

103

**18.** 马三退五,车 4 进 2。

**19.** 炮八进三,象 3 进 1。

**20.** 兵七平六,将 4 进 1。

**21.** 炮八平二……

红方得车,胜局已定。

**21.** ……马 8 进 6。

**22.** 炮二退八,车 4 退 5。

**23.** 马五进七,马 6 进 8。

**24.** 炮七平六。

黑见大势已去,只好认负。

以下的着法是:士 5 进 4,车八进六;车 4 进 1,炮二平六打死黑车,红胜。

## 第 62 局　红马连跳,直指皇城

图 62 所示是全国象棋赛中,黑龙江王嘉良(红方)与江西王如元以列手炮弈至第 11 回合后的棋局。黑方上一着平炮压马,强行兑车,目的是对红方进行反击。红方如车二进五,黑则炮 7 进 3;仕四进五,车 8 进 4,黑方得相且有一定的攻势。红如车二平一,先行之利全无。红方针对黑马窝心,置兑车于不顾,跃马先行发难,着法有力。

**12.** 马八进七,马 5 退 7。

红方马八进七隐含马七进八的杀着,有力之着。黑方马 5 退 7 避杀,是必走之着。

**13.** 马七进六,将 5 进 1。

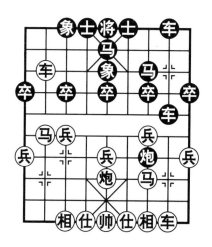

图 62

红方置右翼丢子于不顾，进马塞象眼，下一步则车八平五吃象、将军抽吃马，中炮即可发威，其势不可阻挡。黑方将 5 进 1，属无奈之着。

**14.** 车二进五，炮 7 进 3。

**15.** 仕四进五，车 8 进 4。

**16.** 车八进一，后马进 9。

**17.** 马六退八，将 5 退 1。

**18.** 马八退六，车 8 平 4。

黑如改走士 6 进 5，红则马六进七；将 5 平 6，炮五平四，红方呈胜势。

**19.** 马六进七，车 4 退 3。

**20.** 马三进四，炮 7 平 8。

**21.** 炮五平二，马 9 退 7。

**22.** 马四进六。

黑车被控,故黑方认负。

以下是:士6进5(如将5进1,红则炮二进六;车4进3,马七退八叫将抽得黑车,红胜),炮二平六;士5进4,马六退八;士4退5,马八进七,捉死黑车,红方胜定。

## 第63局　轰相抢先,后续乏力

图63所示是上海林宏敏(红方)与北京纪中启以中炮过河车对屏风马弈至第15回合后的棋局。

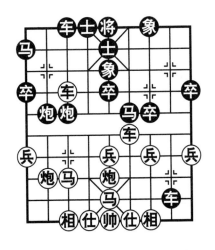

**图63**

**16.** 车七平九……

红方应改走车七进三,黑则马1退3;炮五进四,红方占优势。

**16.** ……炮3进5!

黑方弃炮轰相,是反击的有力之着!

**17.** 马五退七,车3进7。

**18.** 车九进二,马 6 退 7。

**19.** 车九退三,炮 2 退 2。

随手之着,导致被动。黑应改走炮 2 进 2,红则车九平八;炮 2 平 3,马七进六;车 3 平 4,黑方反夺先手。

**20.** 车九进二,炮 2 进 4。

黑如改走炮 2 平 3,红则炮八进七;炮 3 退 2(如象 5 退 3,马七进六,红方大占优势),车四进四;车 8 平 4,车九平五;车 4 退 6,车五平六;士 5 进 4,马七进九;车 3 平 2,炮八平九,红方多子得势,胜局已定。

**21.** 车九平八,炮 2 平 7。

**22.** 车四进四,车 3 进 2。

黑车吃马丢象,局势不稳。不如改走车 8 平 3,仍是对攻局面。

**23.** 车八平五,车 3 平 2。

**24.** 炮八进五……

红方进炮打马,胜局已定。

**24.** ……车 8 退 7。

**25.** 炮五平七!

闷宫绝杀,红胜。

## 第 64 局　进炮取势,大局观强

图 64 所示是全国象棋赛中,山东王方虎(红方)与安徽蒋志梁以中炮过河车对屏风马右横车弈至红方第 12 着后的棋局。红方下一着有车三平七吃马和炮三进七打象的棋,黑方怎样应对呢?请看实战。

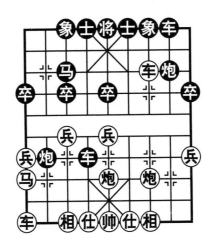

图 64

**12.** ……炮 8 进 7。

黑方置马、象被吃于不顾，8 路炮进红方底线，是取势的有力着法。

**13.** 仕六进五……

红如改走马九退七，黑则车 4 平 6；马七进八（仕六进五，炮 2 平 5；帅五平六，炮 5 进 2，黑方呈胜势），车 6 进 3；帅五进一，车 8 进 8；炮三退一，炮 8 平 9；帅五平六，车 6 平 4；帅六平五，炮 9 退 1，黑方胜定。

**13.** ……炮 2 平 9。

**14.** 马九退七，车 4 平 3。

**15.** 马七进九，车 3 平 6。

**16.** 炮三进七，士 6 进 5。

**17.** 炮五平一，象 3 进 5。

**18.** 炮三退一，炮 9 平 1。

**19.** 马九退七，炮 1 平 5。

黑方运用天地炮杀法，胜局已定。

**20.** 帅五平六，车 8 进 8。

**21.** 车九进二……

红如改走马七进六，黑则车 8 平 5；马六退五，车 6 进 3；帅六进一，车 6 平 4，黑胜。

**21.** ……车 8 平 5。

**22.** 炮一平四，车 5 平 3。

**23.** 炮三平一，车 3 进 1。

**24.** 帅六进一，车 3 平 6。

黑胜。

# 第 65 局　窥视底线，双炮闷杀

图 65 所示是全国象棋赛中，贵州程志远（红方）与广东邓颂宏以中炮过河车对屏风马平炮兑车弈至红方第 13 着后的棋局。黑方 7 路过河卒、7 路炮威胁红方马、相，形势占优。

**13.** ……卒 7 进 1。

进卒胁马，黑方展开了猛烈攻势！

**14.** 马三退五，车 8 进 8。

下一着有车 8 平 6 要杀得车的棋。

**15** 车四平一……

红如改走炮五平四，黑则车 8 平 6；相三进一，卒 7 进 1，黑方占优势。

红如续走炮四进七，黑则车 6 退 5；炮四平九，卒 7 进 1；马五进

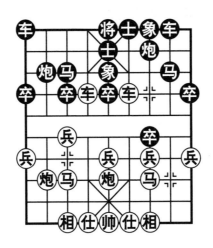

图 65

六，炮 7 平 8，黑方大占优势。

**15.** ……炮 2 进 2。

**16.** 炮五平六……

红如改走炮五平二，黑则炮 2 平 5 要杀，红亦难以应付。

**16.** ……车 8 平 6。

**17.** 相三进一，炮 2 平 8。

**18.** 车一平二……

速败之着，红如改走马五进六，可使战线拉长。

**18.** ……炮 8 进 4。

**19.** 炮六退一……

此时再走马五进六为时已晚，黑方有卒 7 平 8 打车的妙手，红方车二退三；炮 7 进 8，仕四进五；炮 7 平 9 要杀，红方必用车啃炮，黑方胜定。

**19.** ……卒 7 平 8。

闷宫绝杀，黑胜。

## 第66局　红炮空心，孤掌难鸣

图66所示是全国象棋赛中，浙江蔡定珍（红方）与辽宁郭长顺以五七炮对单提马弈至第10回合后的棋局。红方虽有空心炮，但右车被封，很难展开有效的攻势；黑方多子，且有一卒过河助战，黑方已经反先。

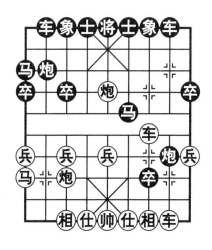

**图66**

**11.** 车三平四……

红如改走车三退二，黑则马6进4；炮五退二，马4进3；车三平七，炮2进4，黑方多子占优。

**11.** ……车8进4。

**12.** 炮五退一，马6退7。

**13.** 炮七平五，炮8进1。

**14.** 后炮退一……

红如改走车四平三，黑则炮8平5；炮五退三，炮2平5；车二进

111

五，马 7 进 8；车三退二，炮 5 进 5；相三进五，象 7 进 5，黑亦多子占优。

**14.** ……炮 8 平 1。

**15.** 车二进五，马 7 进 8。

**16.** 车四平二，炮 1 进 2。

**17.** 车二进一，炮 2 进 7。

黑方炮击边马，兑车，弃还一子，双炮沉底叫杀，行棋紧凑有力。

**18.** 前炮平九……

红方平前炮叫将，抽得黑方 1 路炮，解燃眉之急，也是必走之着。

**18.** ……士 4 进 5。

**19.** 炮九退五，车 2 进 8。

红方失势，主动认负，黑胜。以下的变化可能是：车二平六，卒 7 平 6；兵五进一，卒 6 进 1；炮五进一，卒 1 进 1；兵五进一，马 1 进 2；兵五平四，象 7 进 5；炮九进五，马 2 进 3；炮九进四，象 3 进 1；车六退二，马 3 进 4；仕四进五（炮五平六，马 4 退 6 绝杀），马 4 退 2，要杀兼捉车，红方丢车后败定。黑方亦可以不吃红车，弃车后形成绝杀。红方此时为了解杀，只有仕五退四，黑则车 2 平 5；仕四进五，马 2 进 3，绝杀。

## 第 67 局　弃炮杀士，双车成杀

图 67 所示是全国象棋赛中，广东杨官璘（红方）与贵州熊粤华以仙人指路对卒底炮弈至红方第 17 着后的棋局。红方炮镇中路且多两兵，形势占优。

**17.** ……车 4 进 2。

黑方看不到己方局势的危险性，竟然车离巡河线，造成局面不可收拾，最终败北。此时只有车 4 平 5 兑炮，这样虽居下风，但尚可

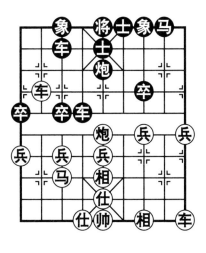

图 67

支撑。

**18.** 车一平二,马 8 进 9。

**19.** 车二进七,车 4 平 3。

**20.** 车八平三……

红方弃马强攻,速胜之着!

**20.** ……车 3 进 1。

**21.** 车三进三,车 3 退 1。

**22.** 车二平四,将 5 平 4。

**23.** 炮五进四,车 3 平 5。

**24.** 车四进二,车 5 退 1。

**25.** 车四平五。

长短车杀,红胜。

## 第 68 局　红马未动,黑将胆寒

图 68 所示是全国象棋赛中,河北刘殿中(红方)与贵州熊粤华以

113

飞相对挺卒开局弈至第 15 回合后的棋局。红方仍持先手。

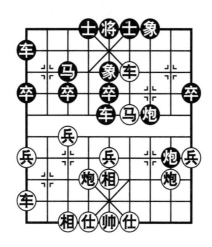

**图 68**

**16.** 车九平四……

红方双车同线,隐含前车杀士的凶着。黑如将 5 平 6,红则马四进三;将 6 平 5,车四进八,红方速胜。

**16.** ……士 4 进 5。

**17.** 前车进一……

好棋! 下一步有马踏中象或马四进三钓鱼马叫杀的棋。

**17.** ……炮 7 进 5。

**18.** 仕四进五,象 5 进 7。

**19.** 后车进二……

巧着,红方必得一子。

**19.** ……炮 8 退 2。

**20.** 相五退三,车 5 平 6。

**21.** 炮六平三,将 5 平 4。

必走之着。黑如果改走象 7 进 9,红则后车进二;炮 8 平 6,炮二进七；象 9 退 7，炮三进七，红胜。

**22.** 前车退三，炮 8 平 6。

**23.** 炮二进六，炮 6 退 3。

**24.** 炮三进七，将 4 进 1。

**25.** 兵五进一。

红方升车双捉炮得子，平炮打闷宫叫杀，进炮下二路打车，妙着连珠，令人拍手称赞！黑方看到残局无法收拾，遂认负。

以下的着法是：将 4 进 1，炮三退二；士 5 退 4，车四进四；象 7 退 5，车四进一；象 5 进 7，炮二退一，红胜。

## 第 69 局　马踏中象，精彩入局

图 69 所示是全国象棋赛中，江西朱贵宝（红方）与内蒙古秦河以五七炮对屏风马进 3 卒弈至第 18 回合后的棋局。

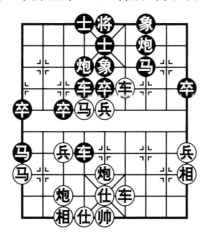

**图 69**

**19.** 兵五进一……

中兵挺进是中路进攻的有力之着！

**19.** ……后车平 5。

黑如改走后车进 1 吃马，红则兵五进一；前车平 5，兵五进一；士 4 进 5，前车进三，红方速胜。

**20.** 炮七进四……

精彩之着。暗伏炮七进四叫将杀、前车进三杀的手段。

**20.** ……炮 7 平 9。

**21.** 马六进五……

红方马踏中象，弃马后迅速取胜。

**21.** ……象 7 进 5。

**22.** 炮五进五，士 5 退 6。

**23.** 炮七进四，将 5 进 1。

**24.** 前车进二，将 5 进 1。

**25.** 炮七退二。

红方抓住战机，弃马咬象，妙着连珠，给人以美的享受。

## 第 70 局　边炮出击，前途光明

图 70 所示是全国象棋赛中，福建陈尚佳（红方）与河北刘同喜以中炮过河车对屏风马平炮兑车弈至第 13 回合后的棋局。黑方 7 路卒过河，8 路马活跃；红方局势不稳。

**14.** 马七进六……

红如改走相五进三，黑则马 8 进 6；车五退二，马 6 进 7；炮九平三，车 8 进 7；马七退五，炮 2 进 6，红方子力受牵制，黑方占优。

**14.** ……马 8 进 6。

**15.** 车五退二，炮 2 进 6。

**16.** 马六进七，车 2 进 7。

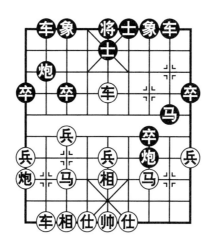

图 70

**17.** 相五进三……

败着。红方应改走炮九进四,对黑方空虚的右翼发动进攻,在混战中寻找机会才是上策。黑有如下应法:

(1)马6进7,则炮九进三;象3进5(车2退7,马七进九,红方胜定),马七进九;车2退5,马九进八;象5退3,马八退七;象3进5,车五平六;车2平3,车八进一,红方胜定。

(2)马6进5,相七进五;车2平5,仕六进五;车5平7,炮九进三;象3进5,马七进九,红方胜定。

(3)车2退7,马七进六;车2平1,炮九平八;炮2平8,炮八进三;象3进1,马六退八;车1平2,马八退六;车2平3,马六进四;将5平4,车五平六;士5进4,车六进三,红胜。

**17.** ……马6进7。

**18.** 炮九平三,车8进7。

**19.** 炮三退二,炮2平7。

精彩的闪击,黑方由此速胜。

**20.** 炮三进三,车2进2。

**21.** 相三退五,炮7平9。

**22.** 马七退五,象3进5。

**23.** 马五退三,炮9进1。

**24.** 炮三退三,车8进1。

**25.** 车五平六,车8平6。

红方认负,黑胜。

## 第71局　退马避捉，招致速败

图71所示是全国象棋赛中,四川刘剑青(红方)与青海徐永嘉以中炮过河车对屏风马平炮兑车弈至第16回合后的棋局。红方第17着怎样应对呢? 请看实战。

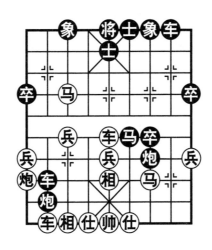

**图71**

**17.** 炮九进四……

这是积极的走法。红方的基本策略是对黑方空虚的右翼发动攻势,把局势引向复杂,在混战中寻找机会。

**17.** ……车8进2。

这是当前唯一正确的应法。黑方如随手走马6进7或马6进5或车2退7,均造成被动而败北。

**18.** 马三退一……

速败之着。应改走仕六进五,这样局势仍很复杂,双方机会均等。

**18.** ……马6进5。

制胜的妙着。

**19.** 相七进五,车2平5。

**20.** 仕六进五,炮2平9。

红方只有帅五平六解杀,黑方则炮7进3杀,故红方认负,黑胜。

## 第72局　弃车攻杀，精彩有力

图72所示是全国象棋赛中,福建曾国荣(红方)与北京朱学增以中炮过河车对屏风马左马盘河弈至第13回合后的棋局。红车虽然拴住黑方车、炮,但左翼问题较大,容易受到黑方双炮的闪击。红方先手已失,黑方占优。

**14.** 仕五退四……

红方此着虽然消除了黑方炮8平3闷杀得车的棋,但左翼暴露的问题仍未解决。应改走车二进四吃炮,黑则车8进3;车三进一,红方一车换黑方双炮,虽仍居下风,但黑方要想取胜,难度很大。

**14.** ……炮7平2。

黑方7路炮乘机移到右侧,意图很明确,准备用车和双炮攻击红方左翼。

**15.** 兵三进一……

此时挺兵,已无法挽救危局。

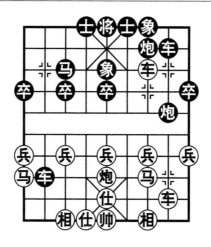

图 72

**15.** ……炮 8 平 3！

黑方平炮、弃车攻相，是制胜的精彩有力之着！

**16.** 车二进七，炮 3 进 5。

**17.** 仕六进五，士 4 进 5。

**18.** 仕五进六，车 2 进 1。

**19.** 车二退四……

红如改走车二退三，虽可多走几着，但仍难逃败局，变化如下：

卒 3 进 1，仕六退五；车 2 平 1，炮五平八；车 1 退 1，炮八进四；车 1 平 2，车二平四；炮 3 平 1，车四退三；车 1 进 2，仕五退六；车 2 退 6，仕六进五；车 2 进 6，仕五退六；车 2 退 2，仕五进五；车 2 平 3，帅五平六；炮 2 进 8，帅六进一；车 3 进 1，帅六进一；炮 1 退 2，黑胜。

**19.** ……车 2 平 1。

绝杀，黑胜。

## 第 73 局　弃炮攻象，速破城池

图 73 所示是全国象棋赛中，内蒙古秦河（红方）与云南刘盛杰以

中炮对屏风马左炮封车弈至红方第13着后的棋局。

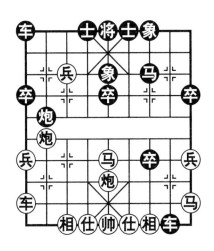

图73

**13.** ⋯⋯车 8 退 5。

**14.** 车九平三, 车 8 平 7。

**15.** 炮八退一, 车 1 平 3。

**16.** 炮八平三, 马 7 进 8。

败着。黑方此处应走车 3 进 2 去兵, 这样可对红方的左翼构成威胁, 黑方易走。

**17.** 炮三进六⋯⋯

红方乘黑方失误, 弃炮攻象, 吹响进攻的号角!

**17.** ⋯⋯车 7 退 4。

黑应改走士 6 进 5, 红则车三进四; 象 5 进 7, 炮五进四; 将 5 平 6, 马五进六; 车 3 平 2, 炮五退四; 炮 2 平 3, 红方无车对有车, 仍占优势, 但增加了取胜的难度。

**18.** 炮五进四, 象 5 进 7。

**19.** 马五进六⋯⋯

红方抓住战机,架起空心炮,又及时跃马,胜利在望。

**19.** ……车7进3。

**20.** 车三平五,车7平5。

黑方弃车啃炮,实属无奈。如改走车3平2,红则马六进五;车7平5,马五进三;将5进1,车五进五;象7退5,车五进一;将5平6,车五平二;马8进6,车二退一;马6退4,车二平六,黑马必失,红胜定。

**21.** 车五进五,士4进5。

**22.** 车五平八,将5平4。

黑如改走炮2平3,红则马六进四;马8退9,马四进六;将5平4,马六进七;炮3退4,车八进三,红胜。

**23.** 车八平六,将4平5。

**24.** 马六进四,炮2退3。

**25.** 兵七进一。

黑方见大势已去,认负。红胜。

以下的着法是:马8退9,马四进六;将5平4,兵七进一;将4进1,马六进八;士5进4,车六进一(马八退七),红胜。

## 第74局  车抢头阵,双炮紧跟

图74所示是全国象棋赛中,辽宁孟立国(红方)与江西朱贵宝以飞相局对还架中炮弈至第14回合后的棋局。黑方虽然兵种较好,炮镇中路,但右车未动,7路马屈头,对红车构不成威胁;红方子力活跃,能攻能守,形势明显占优。

**15.** 车八进三,炮5退1。

**16.** 车二进七……

红方亦可改走车八平四,黑则卒7进1(马7退5,帅五平四);车

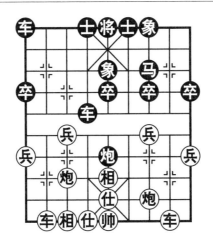

图 74

二进七,车 4 平 6(马 7 进 6,车二平四);车四平五,红方得子。

**16.** ……马 7 退 5。

**17.** 车八平五,炮 5 退 1。

**18.** 车五平四,马 5 退 3。

**19.** 车四进五,马 3 进 4。

**20.** 帅五平四,炮 5 平 6。

黑如改走士 4 进 5,红则炮三进五,后有车二平三要杀,黑亦难以应付。

**21.** 车二平五,士 4 进 5。

黑如改走士 6 进 5,红则炮三平二,黑亦坐以待毙。

**22.** 炮三进五,象 7 进 9。

黑如改走炮 6 退 2,红则炮三进二;车 1 进 1(将 5 平 4,炮七平六),炮三平一;车 4 平 8,车五平六;士 5 进 4,车四平九,红方得子、得势,胜定。

**23.** 车五平一,将 5 平 4。

**24.** 炮七平六……

暗藏炮三进三，将 4 进 1，车一平六的杀着。

**24.** ……炮 6 退 2。

**25.** 炮三进三。

红方得车，胜定。

## 第 75 局　车炮配合，重炮成杀

图 75 所示是全国象棋赛中，深圳阎超慧（红方）与广东文静以中炮过河车对屏风马弈至红方第 12 着后的棋局。红方的双车虽已过河，但难以找到攻击目标；黑方各子灵活，具有较强的反击力。红方的先手已显不稳。

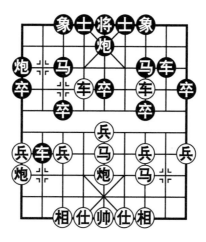

**图 75**

**12.** ……炮 5 平 7。

**13.** 车三平一……

黑方卸中炮平 7 路驱车，红车只能平一路吃黑方边卒，因为如改走车三平四，黑方则马 7 退 5 捉双车，黑方大占优势。

**13.** ……马 7 进 6。

**14.** 兵五进一,马 6 进 5。

**15.** 马三进五,炮 7 平 5。

**16.** 车六平七……

红方此着应改走马五进六,这样对攻、守均较为有利。

**16.** ……车 2 平 3。

**17.** 马五进六,炮 5 进 3。

**18.** 仕四进五……

红方如改走炮五进四,黑则车 3 平 5;仕六进五,车 5 平 4;马六退五,马 3 进 5;车一平五,车 8 平 5;车五进一,象 7 进 5;车七平五,车 4 平 5,黑方得子呈胜势。

**18.** ……车 3 平 7。

**19.** 车一平四,车 8 平 6。

**20.** 车四退六……

红如改走车四进一,黑则炮 1 平 6;相三进一,车 7 平 8;帅五平四,车 8 进 3;帅四进一,象 7 进 5;炮五进四,马 3 进 5;车七平五,炮 5 平 6;车五平四,士 6 进 5;炮九平五,将 5 平 6,黑方呈胜势。

**20.** ……士 6 进 5。

**21.** 马六进七,将 5 平 6。

**22.** 车四进七,炮 1 平 6。

**23.** 相三进一,车 7 平 8。

红方认负,黑胜。

以下的着法是:相一退三,车 8 进 3;帅五平四,车 8 平 7;帅四进一,炮 5 平 6 重炮杀。

## 第 76 局　弃马取势,有胆有识

图 76 所示是全国象棋赛中,吉林李轩(红方)与邮电袁洪梁以中

炮过河车对屏风马弈至红方第12着后的棋局。

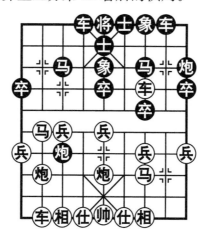

图 76

**12.** ······炮9进4。

黑方弃马取势,颇有胆识。

**13.** 兵七进一······

红如改走车三进一吃马,黑则炮9进3,黑方攻势强烈。如改走马三进一,黑则炮3平9;炮五平一,车4进6;车三进一,车4平7;相七进五,车7平2;马八进七,炮9平7;相五进三,车8进7;车三退一,炮7平5,黑炮空心,黑方大占优势。

**13.** ······车4进5。

**14.** 马八退七,炮9进3。

**15.** 兵七进一,车4进3。

黑方置双马于不顾,进车红方下二线,有胆有识!

**16.** 马七退五······

红如改走兵七进一,黑则车4平7;马七退五,车8进9;炮八退一,车7平6;马三退一,车6进1;帅五平四,车8退1,黑胜。

**16.** ······车8进5。

**17.** 兵七进一,车8平5。

**18.** 相七进九,车5进2。

**19.** 炮八进七,车4平2。

**20.** 兵七平八,车2平4。

**21.** 相九进七,车5平6。

红方认负,黑胜。

以下着法是:车八平七,炮3平5;相七退五,将5平4;兵八进一,车6退2;炮八平九(马三进五,车6进4),车6平3;车七平八,车3平4,黑胜。

## 第77局　着法含蓄,闪击取胜

图77所示是全国象棋赛中,云南赵冠芳(红方)与吉林冯晓曦以中炮进三兵对屏风马进3卒弈至第13回合后的棋局。红方虽然炮镇中路,红车拴住黑方车、马,但九路车平移路线被阻,中兵失去保护;黑方各子路线通畅,有较强的反击力,红方先手已显不稳。

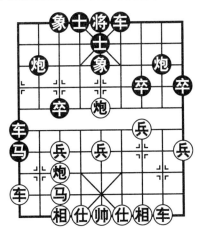

**图77**

**14.** 车二进五……

败着。应改走仕四进五，黑则车 6 进 6；炮七平九，马 1 进 3；车九平八，马 3 退 5；相三进五，红方左车开出，双方势均力敌。

**14.** ……车 1 平 6。

及时闪击红方，是制胜的关键之着。

**15.** 车九进二……

红如改走仕四进五，黑则马 1 进 3，黑方得子、得势，胜定。

**15.** ……前车进 4。

**16.** 帅五进一，后车进 8。

**17.** 帅五进一，后车平 3。

**18.** 炮七进三，车 3 平 7。

**19.** 车二平四，车 6 平 5。

**20.** 帅五平四，炮 8 平 6。

**21.** 车四平二，车 5 平 6。

**22.** 帅四平五，车 6 退 1。

长短车杀，黑胜。

以下的着法是：车二退三，炮 2 进 5；车二进七，炮 6 退 2；帅五平六，车 6 平 4；帅六平五，车 7 退 1，黑胜。

## 第 78 局　飞车策马，小兵抢功

图 78 所示是全国象棋赛中，黑龙江赵国荣（红方）与新疆李鸿嘉以中炮过河车对屏风马平炮兑车弈至红方第 17 着后的棋局。

**17.** ……马 3 进 4。

黑方跃马河口踩车，同时把黑车置于红方炮口之下，真是别出心裁！双方由此展开激烈的对攻。

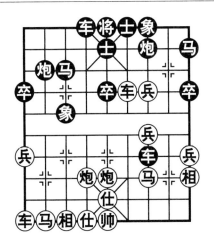

图78

**18.** 炮六进七……

红如改走车四平五，黑则马 4 进 6；车五平六，马 6 进 5；车六进三，士 5 退 4；相七进五，炮 2 平 5，黑方有反击机会。

**18.** ……马 4 退 6。

**19.** 马八进七……

红方跳马，准备开出左车，置马、炮于虎口而不顾，颇有远见。

**19.** ……将 5 平 4。

**20.** 车九平八，炮 2 平 5。

黑如改走车 7 进 1 吃马（炮 2 退 1，马七进五，黑方各子均被禁锢，红方呈胜势），红则马七进五；车 7 平 9，兵三平四；炮 2 平 5，车八进九；将 4 进 1，马五进六；炮 5 进 5，相七进五，红方呈胜势。

**21.** 车八进九，将 4 进 1。

**22.** 马七进六，士 5 退 4。

**23.** 前兵平四，车 7 进 1。

**24.** 兵四进一，炮 5 进 5。

**25.** 相七进五。

红方车、马、兵已成杀势，黑方认负。

以下着法是：将4平5，马六进五；象3退5（将5退1，兵四进一，再马五进七杀），马五进七；将5平4，车八平六，红胜。

## 第79局　车飞马跃，秩序井然

图79所示是全国象棋赛中，浙江张辉（红方）与天津商思源以中炮过河车对屏风马左马盘河弈至第16回合后的棋局。红方车、马、炮位置较佳，形势占优。

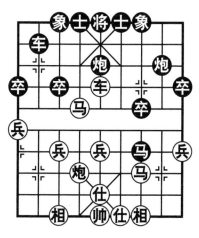

**图79**

**17.** 车五平六，士6进5。

黑如改走士4进5，红则车六平七；车2退1，马六进八；炮5平2，炮六进三，红方明显占优。

**18.** 车六平三，象7进9。

**19.** 车三进一，炮8进3。

**20.** 马六进四……

红方车、马运用自如，逼迫黑方疲于应付。现在进马窥视卧槽，黑方形势吃紧。

**20.** ……车 2 进 8。

黑方进车窥相，展开对攻，企图在混战中寻找生机。

**21.** 车三平一，车 2 平 3。

**22.** 炮六退二，士 5 进 6。

红方退炮后，无懈可击。红方的车、马已成杀势，黑方难以应付。士 5 进 6 是速败之着。其他的应着如炮 8 平 6 和炮 5 平 6，都难免一败。

**23.** 马四进六。

红胜。

以下是：黑如将 5 进 1，红则车一进一杀；黑如将 5 平 6，红则车一平四杀。

## 第 80 局　窝心炮易出，窝心马致命

图 80 所示是全国象棋赛中，安徽苗利明（红方）与杭州陈寒峰以中炮过河车对屏风马平炮兑车弈至第 17 回合后的棋局。红方窝心炮、黑方窝心马在实战中同时出现甚为少见。黑方虽多一子，但双马被制，不易逃脱。黑方下一步有车 8 平 6 叫杀得子的棋，双方各有千秋。

**18.** 车九平六……

平车左肋，正着。伏车三平六绝杀的棋。由此可见，窝心马是相当危险的。

**18.** ……车 8 平 6。

似巧实拙，造成失败。黑应改走炮 5 进 1，阻止红车三平六绝杀，则仍有周旋的余地。红如继续走车三进一，黑则车 8 平 6；炮五平八，

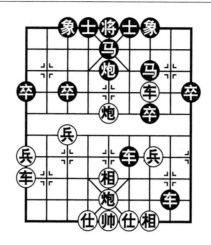

图 80

前车进 1；帅五进一，象 7 进 5；车三退一，马 5 进 3，在对攻中黑方并不吃亏。

**19.** 后炮平八，前车进 1。

**20.** 帅五进一，后车平 2。

**21.** 炮八进一，车 2 进 1。

用车啃炮，实属无奈。黑如改走炮 5 进 1，红则帅五平六绝杀，红胜。

**22.** 车六平八，车 6 退 5。

**23.** 车八进三，炮 5 进 1。

**24.** 帅五平六。

红胜。

以下着法是：车 6 进 4，仕六进五；象 3 进 5，车八平六；马 5 进 3，车六进二，红方胜定。